U0920340

婴幼儿托育、教育与保育精品教材

互联网 + 活页式理念新形态教材

婴幼儿家园共育

主审 黄 梅 主编 肖成林 屈 红

镇 江

内 容 提 要

本书以家园共育工作为基础，围绕合作育儿和具体策略，对家园共育工作中具有针对性、实用性的岗位工作任务进行精心编排与设计，将其合理转化为教学任务。本书包括总论、婴幼儿家园共育的途径、婴幼儿家园共育活动、婴幼儿家园沟通、0～12月龄婴儿的家园共育策略、1～3岁幼儿的家园共育策略、特殊婴幼儿的家园共育策略7个部分。

本书体例丰富、重点突出、实用性强，可作为各类院校婴幼儿托育、教育与保育等相关专业学生的教材。

图书在版编目（CIP）数据

婴幼儿家园共育 / 肖成林，屈红主编. -- 镇江 ：江苏大学出版社，2024.2

ISBN 978-7-5684-2106-5

Ⅰ. ①婴… Ⅱ. ①肖… ②屈… Ⅲ. ①托儿所－家长工作(教育) Ⅳ. ①G616

中国国家版本馆CIP数据核字(2023)第249037号

婴幼儿家园共育
Ying-you'er Jia-Yuan Gongyu

主　　编 / 肖成林　屈　红
责任编辑 / 张　平
出版发行 / 江苏大学出版社
地　　址 / 江苏省镇江市京口区学府路301号（邮编：212013）
电　　话 / 0511-84446464（传真）
网　　址 / http://press.ujs.edu.cn
排　　版 / 三河市悦鑫印务有限公司
印　　刷 / 三河市悦鑫印务有限公司
开　　本 / 787 mm×1 092 mm　1/16
印　　张 / 11
字　　数 / 254千字
版　　次 / 2024年2月第1版
印　　次 / 2024年2月第1次印刷
书　　号 / ISBN 978-7-5684-2106-5
定　　价 / 39.80元

如有印装质量问题请与本社营销部联系（电话：0511-84440882）

婴幼儿的养育和教育是一项系统工程，受到托育机构、家庭和社会等多方面因素的影响。家庭教育更是重中之重，托育机构应与家长建立一种合作、互补的关系，唤醒家长的科学教育意识，转变家长的教育观念，做到家园携手，共同促进婴幼儿健康成长。

为了传递前沿的教育理念和教育方法，探索婴幼儿家园共育的各种可能性，我们结合高等院校人才培养方案的要求和学生的就业需求，推出了这本《婴幼儿家园共育》。

具体来说，本书主要有以下特点。

1 立德树人，德技并修

党的二十大报告指出："育人的根本在于立德。"本书积极贯彻党的二十大精神，以立德树人为根本任务，在讲解知识的同时，将职业精神、劳动精神等融入课程教学中，引导学生树立正确的价值观和就业观，使其主动肩负起时代责任，力争成为堪当民族复兴大任的时代新人。

2 通俗易懂，贴近职业

本书紧紧围绕行业需求和岗位要求设置工作任务，内容通俗易懂，语言深入浅出，让学生循序渐进地了解婴幼儿家园共育的内容和工作任务，提升学生的实践能力和职业素养。

3 模块清晰，注重实践

本书以岗位职业技能要求为依据，按照学生的认知特点和认知水平进行模块化设计，每一讲均包含"学习目标""应用场景""典型任务""新手指导""学以致用""学习评价"六大模块。

- **学习目标**：阐述了学生应达到的知识目标、技能目标和素质目标。

- 应用场景：引入了与模块知识相关的真实案例或托育机构老师与家长的对话片段，激发学生的学习兴趣。
- 典型任务：提出与应用场景相关的问题和要求，让学生思考、分析并找出答案。
- 新手指导：系统而详尽地介绍了主要知识，帮助学生学习相关知识。
- 学以致用：设置了综合测试，包含选择题、判断题、简答题、实践题等多种题型，旨在帮助学生检验学习成果，巩固所学知识和技能。
- 学习评价：主要采用自评、互评与师评的方式，从基本知识、实践技能、综合素质、活动成果 4 个方面对学生的学习成果进行评价。

此外，本书还在“新手指导”模块中穿插了“育儿互动”“育儿纪实”“育儿攻略”“育儿锦囊”“育儿引航”等栏目，以丰富课堂教学，进一步加深学生对知识的理解。

4 数字资源，丰富多彩

本书融入了“互联网+”思想，将教材、在线课堂与教学资源相融合，构建了线上线下结合的教学模式。学生可以借助智能手机或其他移动设备扫描扉页二维码获取相关视频，教师可登录文旌综合教育平台“文旌课堂”查看与下载本书配套资源，如“综合测试”答案、优质课件、教案、课程标准等。

此外，本书还提供了在线题库，支持“教学作业，一键发布”，教师只需通过微信或“文旌课堂”App 登录扫描扉页二维码，即可迅速选题、一键发布作业、智能批改作业，以及查看学生的作业分析报告，提高教学效率、提升教学体验。学生可在线完成作业，巩固所学知识，提高学习效率。

本书由黄梅担任主审，肖成林、屈红担任主编，谭泉泉、汪小瑶担任副主编。由于编者水平有限，书中难免存在疏漏与不妥之处，恳请各位读者批评指正。

特别说明：

（1）本书在编写过程中，参考了大量的资料并引（采）用了部分文章和图片等。这些资料大部分已获授权，但由于部分资料来自网络，我们未能确认出处，也暂时无法联系到原作者。对此，我们深表歉意，并欢迎原作者随时与我们联系，我们将按规定支付酬劳。

（2）本书没有注明资料来源的案例均为编者根据真实事件改编。

本书配套资源下载网址和联系方式

网址：https://www.wenjingketang.com

电话：4001179835

邮箱：book@wenjingketang.com

总 论

同心共育——合作育儿篇

幼有善育——具体策略篇

总 论

第一节　婴幼儿家园共育概述

一、婴幼儿家园共育的概念

婴幼儿家园共育是指托育机构与婴幼儿家庭通过相互沟通、相互理解、相互配合、相互支持，确定共同的育儿目标，采取一致的养育行为和策略，共同促进婴幼儿全面发展的一种模式。

从概念来看，婴幼儿家园共育的主体包括托育机构和婴幼儿家庭两个方面。托育机构作为专业机构，在为婴幼儿提供养育照护和健康管理的同时，通过与家长的沟通和交流，为婴幼儿家庭提供专业、科学的育儿指导；婴幼儿家庭作为托育机构的合作者，应充分认识到科学育儿的重要性，积极通过多种途径参与家园共育活动。

二、婴幼儿家园共育的意义

（一）有助于促进婴幼儿身心全面发展

家庭与托育机构是婴幼儿生活与学习的主要场所。婴幼儿身心全面发展是整合从不同场所获得的生活与学习经验的结果，开展婴幼儿家园共育能够使来自各方的生活与学习经验更具一致性、连续性和互补性。

一方面，婴幼儿在家庭生活中获得的经验，能够在托育机构的各项活动中得到运用、扩展和提升；另一方面，婴幼儿在托育机构参与早教活动所获得的经验，能够在家庭生活中得到巩固和发展。此外，家庭与托育机构的密切合作，家长与保育人员之间良好的合作关系，不仅能够使婴幼儿获得安全感，还有助于培养婴幼儿积极参与社会生活的态度。

（二）有助于提升家长的养育水平

《3 岁以下婴幼儿健康养育照护指南（试行）》提出家长是婴幼儿养育照护和健康管理的第一责任人。大多数家长由于缺乏科学的育儿理念、知识和技能，因此在养育婴幼儿的过程中会遇到各种问题。

开展婴幼儿家园共育，可以使家长获得托育机构的指导与支持，为家长提供学习的机会，帮助家长树立养育婴幼儿的信心和科学的育儿观，掌握科学的育儿知识与技能，从而不断提升家长的育儿水平。

（三）有助于增强保育人员的专业能力

保育人员在与家长合作育儿的过程中，可以了解家长对其保育工作的意见和建议，进而及时发现保育工作的不足之处，从而不断改进保育工作方法，调整保育工作内容，增强科学保育能力。

另外，保育人员通过与家长沟通和交流，还可以从家长那里学到一些养育婴幼儿的技巧与方法，从而提升保育水平，为婴幼儿健康成长提供更好的支持。

（四）有助于提升托育机构的专业水平

《托育机构保育指导大纲（试行）》要求托育机构应当与家庭密切合作，充分整合各方资源支持托育机构保育工作，向家庭宣传科学的育儿理念和方法，提供照护服务和指导服务，帮助家庭增强科学育儿能力。

托育机构开展的家长沙龙活动、亲子活动等家园共育活动，能够为家长提供育儿咨询与指导服务，从而进一步完善托育机构的服务职能。托育机构通过组建家长委员会，既能鼓励家长积极参与并监督托育机构的教育教学工作与管理工作，又能帮助托育机构及时发现各项工作中存在的问题，从而采取措施改善教学环境，提高服务质量，提升专业水平。

（五）有助于贯彻执行相关政策与法规

20 世纪 90 年代以来，我国政府部门陆续颁布了一系列促进婴幼儿早期发展和早期教育指导的政策与法规，明确提出了家庭与托育机构合作育儿的要求。因此，开展婴幼儿家园共育是贯彻执行相关政策与法规的需要。

育儿引航

托育从业人员职业行为准则（试行）

一、坚定政治方向。坚持以习近平新时代中国特色社会主义思想为指导，贯彻落实党中央关于托育工作的决策部署。不得有损害党中央权威和违背党的路线方针政策的言行。

二、自觉爱国守法。忠于祖国，忠于人民，恪守宪法原则，遵守法律法规，依法依规开展托育服务。不得损害国家利益、社会公共利益，不得违背社会公序良俗。

三、传播优秀文化。传承中华传统美德和优秀文化，践行社会主义核心价值观，培养婴幼儿良好的品行和习惯。不得传播有损婴幼儿健康成长的不良文化。

四、注重情感呵护。敏感观察，积极回应，尊重个体差异，关心爱护每一位婴幼儿，形成温暖稳定的关系。不得忽视、歧视、侮辱、虐待婴幼儿。

五、提供科学照护。遵循婴幼儿的成长规律，合理安排婴幼儿的每日生活和游戏活动，支持婴幼儿主动探索、操作体验、互动交流和表达表现。不得开展超出婴幼儿接受能力的活动。

六、保障安全健康。创设安全健康的环境，熟练掌握安全防范、膳食营养、疾病防控和应急处置等方面的知识和技能。不得在紧急情况下置婴幼儿安危于不顾，自行逃离。

七、践行家托共育。注重与婴幼儿家庭密切合作，保持经常性良好沟通，传播科学育儿理念，提供家庭照护指导服务。不得滥用生长发育测评等造成家长焦虑。

八、提升专业素养。热爱托育工作，增强职业荣誉感，加强业务学习，做好情绪管理，提高适应新时代托育服务发展要求的专业能力。不得有损害职业形象的行为。

九、加强团队协作。尊重同事，以诚相待，相互支持，充分沟通婴幼儿信息，协同开展照护活动，不断改进和提升服务质量。不得敷衍塞责、相互推诿、破坏团结。

十、坚守诚信自律。诚实守信，严于律己，尊重婴幼儿及其家庭的合法权益，自觉遵守托育服务标准和规范。不得收受婴幼儿家长礼品或利用家长资源谋取私利。

（资料来源：中华人民共和国国家卫生健康委员会官网，有改动）

三、婴幼儿家园共育的目标与内容

（一）婴幼儿家园共育的目标

婴幼儿家园共育的目标是通过各种途径和方法，组织与实施家园共育工作，帮助家长树立科学的育儿理念，掌握专业的育儿知识与方法，以提升家长的育儿能力，促进婴幼儿健康成长和身心全面发展。

（二）婴幼儿家园共育的内容

婴幼儿家园共育的践行要求

婴幼儿家园共育的内容主要围绕婴幼儿在家庭和托育机构中的生活与学习展开，具体包括促进身体发育、促进动作能力的发展、促进语言能力的发展、促进认知能力的发展、促进情感与社会性的发展、培养自理能力及良好的行为习惯等。

此外，考虑到婴幼儿发展的月龄特点与个体差异，对于不同月龄阶段及发展特点的婴幼儿，家园共育的内容与重点也有所不同，本书将会在第四讲至第六讲中进行详细讲解。

四、婴幼儿家园共育的方法

婴幼儿家园共育的方法是指托育机构的保育人员为实现婴幼儿家园共育的目标，在组织与实施家园共育工作时所采取的方式、策略和技巧。

按照组织与实施形式的不同，婴幼儿家园共育的方法大致可分为以下两类：第一类是集体合作育儿，具体包括组建家长委员会、组建家长学校，以及开展家长沙龙活动、亲子活动、家长开放日活动等；第二类是个别化指导，具体包括实施一对一沟通交流、提供不同月龄婴幼儿的家园共育策略、提供特殊婴幼儿的家园共育策略等。

第二节 婴幼儿家园共育的基本理论

一、生态系统理论

生态系统理论认为婴幼儿的发展受到与其直接或间接相关的生态环境的影响，这些生态环境形成一系列相互嵌套在一起的生态系统，包括微观系统、中观系统和宏观系统，表现为一系列的同心圆模式（见图 0-1）。

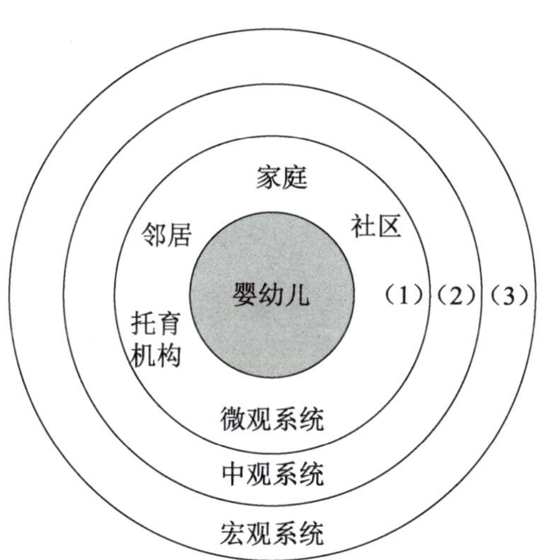

图 0-1 生态系统理论的同心圆模式

在生态系统理论中，微观系统是指婴幼儿生活的主要场所及其周边环境，如家庭、托育机构、邻居和社区等。中观系统是由处于微观系统中的两个生态环境（如家庭与托育机构、托育机构与社区、家庭与社区等）交互作用所形成的。宏观系统是指婴幼儿所处的社会背景，包括价值观念、思想文化、政治经济等。

婴幼儿的成长过程是不断拓展对所处生态环境的认知的过程。在这个过程中，各个生态系统不仅发挥着各自独特的作用，其之间的相互联系和交互作用也会对婴幼儿发展产生重要影响。作为婴幼儿最常接触的生态环境，家庭和托育机构应当开展合作，形成正向的互动关系，并且应协调一致地对婴幼儿进行照护和教育，从而有效促进婴幼儿的全面发展。

二、重叠影响阈理论

重叠影响阈理论
如何促进家园共育

重叠影响阈理论认为婴幼儿成长所依托的家庭和托育机构虽然相互分离、独立，但是拥有共同的养育目标，承担着相同的养育任务。这两者对婴幼儿的发展产生着重叠影响，并且这种重叠影响会不断累积、扩大。因此，家庭与托育机构之间应当进行经常性的、高质量的沟通与合作，共同发掘教育资源，开展形式多样的家园共育活动，互相支持协作形成合力，使婴幼儿能够受到一致性的、持续性的积极影响，从而促进婴幼儿的健康成长与全面发展。

三、多元智力论

多元智力论认为人的智力结构至少由 9 种智力要素组成，包括语言、数理、空间、节奏、运动、交往、个人反省、自然观察、存在等。这 9 种智力要素在每一位婴幼儿身上都有着不同程度的表现，适当的教育和引导有助于激发婴幼儿的智力潜能。因此，家庭与托育机构之间应当加强合作，共同为婴幼儿创建一个良好的支持性环境，以促进婴幼儿智力全面、充分的发展。

第三节　婴幼儿家园共育的实践模式

一、上海市家园共育公益项目模式

上海市是我国最早实践婴幼儿早期教养指导服务的地区。上海市教育委员会（以下简称“上海市教委”）、上海市卫生健康委员会（以下简称“上海市卫健委”）等部门各司其职，依托市区、街道、社区，搭建社区家庭科学育儿指导工作的管理网络，建立以社区为单位、以托育机构为中心、向家庭辐射的早期教育服务机制，构建了具有上海特色的 0~3 岁婴幼儿早期教养指导服务体系。

（一）上海市教委：设置专业管理指导机构，推动家园共育项目落地

上海市教委建立了“1+16+*N*”（1个市级早期教育指导中心，16个区建立900多个早教指导站）的婴幼儿早期教养指导服务体系，并将其功能定位为“面向社区、指导家长开展家庭教育”。该体系以早期教育指导中心为主体，联动社区、园所、家庭开展早期教育协同育儿，通过“面向婴幼儿”的早期教育和“面向家长”的早期教育指导，实现早期教育对整个上海市婴幼儿家庭的全覆盖。

贵州省“1+*N*”共育模式

此外，上海市教委还实施了一批高质量、有影响力的科学育儿指导公益服务项目，如“育儿加油站”“亲子嘉年华”等。

（二）上海市卫健委：建设社区基层干部人才队伍，提供社区家庭指导服务

上海市卫健委利用自身的社区渠道优势和婴幼儿卫生保健的专业优势，依托社区卫生服务中心、社区家庭指导服务中心等基层机构，培养并建设社区基层干部人才队伍，搭建起社区家庭科学育儿指导的服务网络。基层卫健干部人员常年开展入户指导服务活动，并通过组织“母婴健康社区行”“科学育儿社区行”等社区活动，向广大上海市婴幼儿家庭提供科学、专业的科学育儿指导公益服务，以切实提升家庭科学育儿水平。

二、南京市三位一体共育模式

南京市三位一体共育模式整合了多方社会资源，将家庭养育、社区支持、机构服务三方面有机结合，通过提供多元化、多样化的婴幼儿照护服务来满足城乡不同需求，从而切实提升婴幼儿照护服务水平，全面促进0～3岁婴幼儿健康成长。

南京市通过打造一批婴幼儿照护服务机构来支撑三位一体共育模式的运转。南京市依托各级人口和家庭公共服务中心，以区、街道（镇）为单位建立婴幼儿照护服务发展指导中心，并且在每个社区建立亲子室，在每个街道（镇）建立婴幼儿普惠托育机构，以实现婴幼儿照护服务机构的全面覆盖。

此外，南京市还致力于打造线上科学育儿指导服务体系，通过建设“一网一课”，并邀请国内知名专家开设育儿讲堂，向家长及其他养育人员宣传科学的育儿知识。

同心共育——合作育儿篇

第一讲

婴幼儿家园共育的途径

学习目标

知识目标

- 理解家长委员会的定义与作用。
- 熟悉组建家长委员会的相关知识，以及家长委员会的基本职责。
- 理解家长学校的定义与组建家长学校的目的。
- 熟悉家长学校的组建条件、组织结构与管理制度、教学内容与教学形式。

技能目标

- 能够根据托育机构的实际情况确定家长委员会的组建方式。
- 能够根据家长的需要设计家长学校的教学形式与教学内容。

素质目标

- 树立正确的职业价值观，提升职业道德与修养。
- 培养独立思考与灵活处理问题的能力。

模块一 家长委员会

某托育机构组织开展了“家长委员会驻园办公”活动，向家长委员会成员全方位展示了托育机构的工作情况。该托育机构的负责人带领家长委员会成员参观了托育机构的教学环境、教学活动、食堂环境等。通过实地观摩，家长委员会成员深入了解了该托育机构的各个工作环节、各类保育活动、保育人员工作情况与专业能力、婴幼儿伙食情况等。

活动结束后，家长委员会成员对该托育机构的各项工作提出了一些建议，如婴幼儿需要添加的辅食、托育机构需要完善的设施、保育人员需要提升的职业素养等。

一、信息获取

1. 描述家长委员会在此次活动中所起到的作用。

2. 描述家长委员会在此次活动中所履行的基本职责。

二、实践记录

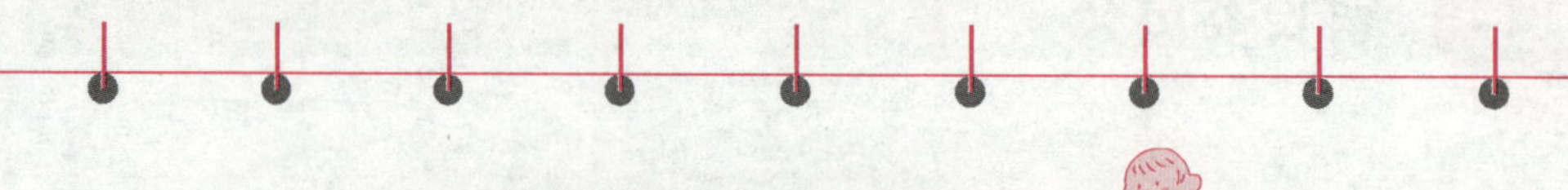

家长委员会的组建方案

假如你是某托育机构的负责人，需要协同家长组建家长委员会，请根据下列步骤确定家长委员会的组建方案。

（1）选择家长委员会的组建方式。

（2）设计家长委员会的组织结构。

（3）确定家长委员会成员的具体职责。

新手指导

家长委员会是指由婴幼儿家长代表组成的，负责协调托育机构与家庭之间关系，代表家长利益群体在一定程度上参与托育机构保育、教育活动的组织。

《托育机构管理规范（试行）》规定："托育机构应当成立家长委员会，事关婴幼儿的重要事项，应当听取家长委员会的意见和建议。"托育机构组建家长委员会既符合相关要求，又保障了家长了解、评估、参与和监督托育机构工作的权利，使家长有更多机会参与托育机构的各项工作，从而促进家园合作。

一、家长委员会的组建

（一）家长委员会的组织结构

家长委员会一般设 1 名主任委员（会长）、2 名副主任委员（副会长）和若干委员。托育机构应根据实际情况确定家长委员会成员的人数。家长委员会委员任期一般为 1 学年，每学年可视情况做适当改选，也可连选连任。子女因毕业、转学等离校的，其家长的家长委员会委员身份自动取消。

（二）家长委员会的组建方式

家长委员会可以通过家长选举、教师推荐、家长自荐，以及推荐与选举相结合等 4 种方式组建。托育机构应按照一定的民主程序，本着公正、公平、公开的原则，在自愿的基础上，选举能代表全体家长意愿的家长组成家长委员会。

（三）家长委员会的组建要求

家长委员会成员应满足以下几点要求：① 具有科学的育儿理念，且认同托育机构的保育理念；② 热爱婴幼儿保育、教育工作，具有奉献精神；③ 具有较强的责任心，办事公道；④ 身心健康，有一定的时间与精力参与家长委员会工作；⑤ 善于沟通，善于听取各方意见与建议；⑥ 具有一定的组织能力、管理能力和协调能力。

育儿互动

家长必须要认同托育机构的所有保育理念吗？请举例说明原因。

二、家长委员会的基本职责

（一）参与托育机构的管理工作

家长委员会应主动听取托育机构的各项工作计划，对托育机构的工作计划和重要决策，特别是事关婴幼儿和家长切身利益的事项提出合理、有效的意见与建议，并积极支持与配合托育机构的管理工作。

此外，家长委员会还应积极参与民主监督，按照既定的原则和程序，对托育机构的管理工作、相关活动、师德师风等进行监督、评议或质询，促进托育机构的工作改进。

育儿纪实

家园携手，安全护航

托育机构做好安全管理工作是保障婴幼儿安全生活的前提，也是促进婴幼儿健康成长的基础。某托育机构组织了一场“安全隐患排查整治”活动，家长委员会全体成员参加了此次活动。

家长委员会全体成员先听取了该托育机构的负责人对该机构安全管理工作开展情况的汇报，然后认真查看了该托育机构的各个教室、专用活动室、走廊、操场、大型玩具等，对不安全因素进行了排查。

活动结束后，家长委员会会长代表全体成员对该托育机构的安全管理工作给予了充分肯定，同时对该托育机构存在的一些不足提出了建设性意见。

该托育机构的负责人表示，未来将会继续邀请家长委员会参与该机构的安全管理工作，并接受家长委员会的监督，家园携手共同为婴幼儿打造安全舒适的成长环境。

（资料来源：上海学前教育网，有改动）

（二）参与托育机构的育儿工作

家长委员会应发挥家长的专业优势与资源优势，为托育机构的育儿工作提供专业支持和教育资源支持。例如，具有婴幼儿保育、教育相关工作经验的家长委员会成员可以协助托育机构组织专题学习，对家长在家庭育儿过程中存在的共性问题开展讨论，或者结合不同年龄段婴幼儿的认知特点举办有针对性的研讨活动。

此外，家长委员会还应发挥家长的自我教育优势，采取多种方法在家长中宣传科学的育儿理念与方法。

（三）参与家长与托育机构之间的沟通工作

家长委员会能够疏通家长与托育机构之间的沟通通道，提高双方信息交流的效率。家长与托育机构可以通过家长委员会实现双向的、回应式的沟通交流。

家长委员会可以及时地向家长通报托育机构近期的重要工作和准备采取的重要举措，听取并向托育机构转达家长对托育机构相关工作的意见与建议。家长委员会也可以及时将托育机构对家长的希望和要求传达给家长，促进双方的相互理解。

 三、家长委员会的管理制度

家长委员会成立后，应当明确具体的管理制度，以促进家长委员会规范运作。家长委员会的管理制度包含以下几个方面。

家长委员会成员的权利

（1）家长委员会组织章程，内容包括家长委员会的组织结构与职责、权利与义务等。

（2）家长委员会日常工作制度，包括例会制度、信息通报制度、听课制度、调研与沟通程序、学习与培训制度、行为规则、档案管理制度等。

家长委员会成员应遵行家长委员会的管理制度，各司其职，按章行事。

如何让家长委员会不“变味”

托育机构组建家长委员会的初衷是构建家园共育的桥梁，然而一些托育机构在实际执行的过程中，把家长委员会变成了无条件支持托育机构工作的组织，使家长委员会的作用“变味”了。为了杜绝此类现象的发生，相关教育部门、托育机构和家长应采取一些有效的措施。

（一）相关教育部门应建立相关的保障机制

各地教育部门应尽快对家长委员会的职能、权利和义务等做出明确的规定，探索和建立家长委员会的运行与管理机制，切实保障家长委员会各项功能的实现。

（二）托育机构要规范开展家长委员会组织建设工作

托育机构要组织家长按照民主程序选举家长委员会成员，避免其成员完全由托育机构指派，最终异化成为托育机构的“传声筒”。此外，托育机构还应根据自身实际，积极开展各项家园合作活动，邀请家长委员会参与并监督托育机构的管理和教育教学工作，虚心听取家长委员会的意见与建议，促进家长委员会工作规范、有序、高效开展。

（三）家长要提高对家长委员会工作的重视程度

家长对家长委员会工作的漠不关心也是家长委员会形同虚设、流于形式的原因之一。家长要增强民主参与意识，提升对家长委员会工作的认知，主动通过家长委员会参与到托育机构管理当中，共同努力促进婴幼儿的身心健康发展。

（资料来源：中华人民共和国教育部政府门户网站，有改动）

模块二 家长学校

应用场景

某托育机构特邀中国关心下一代工作委员会儿童发展研究中心课题组专家、家庭教育指导师来到家长学校，与家长共同探讨“品质塑造孩子一生”“做优秀父母，帮助孩子脱颖而出”两个话题，指导家长开展家庭教育。

“品质塑造孩子一生”讲座的教学内容包括：① 品质教育是什么；② 如何提高育儿品质。“做优秀父母，帮助孩子脱颖而出”讲座的教学内容包括：① 家长应具备的优秀品质有哪些；② 家长学习和成长的重要性；③ 婴幼儿教育过程中需要注意的事项。主讲老师在讲座中以亲身经历与家长进行互动，以生动的案例为家长详细地剖析事理，深入浅出地向家长诠释了家庭教育的重要性。

典型任务

一、信息获取

1. 描述该托育机构家长学校此次教学的师资队伍。

2. 描述该托育机构家长学校在此次教学活动中所讲授的教学内容。

3. 描述该托育机构家长学校在此次教学活动中所采用的教学形式。

二、实践记录

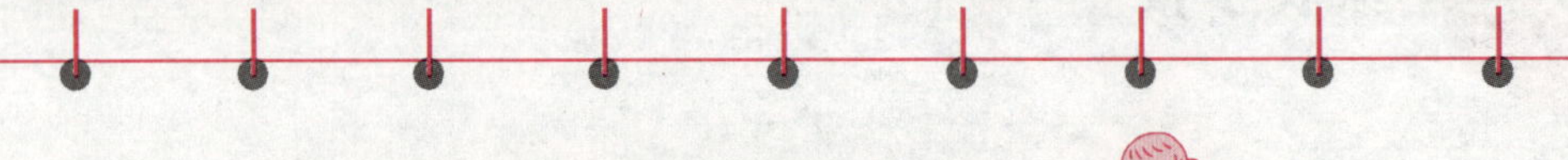

家长学校的组建方案

假如你是某托育机构的负责人，需要为该机构的婴幼儿家长组建一所家长学校，请根据下列步骤确定家长学校的组建方案。

（1）明确组建家长学校的目的。

（2）明确组建家长学校的条件。

（3）设计家长学校的教学内容。

（4）设计家长学校的教学形式。

新手指导

家长学校是指由托育机构组建的，以婴幼儿家长为主要教育对象，以传授科学育儿的知识与技能、交流家庭育儿经验为主要任务的组织。婴幼儿的健康成长离不开家庭、托育机构的共同努力。现如今，家长越来越重视婴幼儿的教育，并主动学习科学的育儿知识与技能。在这种情况下，家长学校就成了家园共育的桥梁。

一、家长学校的组建条件

家长学校的组建条件包括师资队伍、场地设施、教学资料三个部分。

（一）师资队伍

家长学校的师资水平决定了家长学校的教学质量。因此，托育机构应努力组建一支热衷于家庭教育指导与服务工作，素质优良、结构合理、专兼结合、相对稳定的师资队伍。师资队伍的组成人员一般可分为以下三类。

1. 托育机构的工作人员

托育机构的工作人员（如负责人、保育人员等）与婴幼儿接触得较多，比较了解婴幼儿平时的行为表现及个人特点。因此，托育机构的工作人员可以根据婴幼儿的具体情况对家长进行家庭教育指导。

2. 家长

婴幼儿的家长也可以成为家长学校师资队伍的成员。有的家长不仅具有丰富的育儿专业知识，还在广大家长中有着较大的影响力。因此，托育机构可以根据不同的培训内容，邀请有相关经验的家长担任家长学校的讲师，积极鼓励与支持家长讲师向广大婴幼儿家长宣传科学的育儿理念、知识和方法。

3. 专家学者

在条件允许的情况下，托育机构可以聘请婴幼儿养育、教育方面的专家学者，本地区家庭教育指导工作的领军人物和“五老”（老干部、老战士、老专家、老教师、老模范）人员可组成专家团队，向家长传授科学的育儿理念、专业的育儿知识与技能。

育儿引航

“五老”精神

“五老”精神是广大“老干部、老战士、老专家、老教师、老模范”在长期从事关心下一代工作实践的过程中形成的一种可贵精神。“五老”精神被概括为忠诚敬业、关爱后代、务实创新、无私奉献。

忠诚敬业，即忠于祖国、忠于人民、全心全意、尽职尽责。忠诚敬业集中展现了广大“五老”关爱下一代的责任与使命。

关爱后代，即关心孩子、教育孩子。关爱后代是“五老”精神的本质特征。广大“五老”以长者的慈爱之心关怀孩子，耐心细致地教育孩子，发挥着其他力量所不可替代的作用。

务实创新，即了解新情况、研究新问题、探索新规律、创造新经验。广大“五老”不断地在实践中进行创新，总结与推广了各种有利于孩子健康成长的新思路、新举措、新形式和新载体。

无私奉献，即为了下一代不顾年高、不计报酬、不图回报的无私行动。广大“五老”退而不休，始终奉献于关心下一代事业。这种奉献是一种真诚、发自内心的付出行为和纯洁高尚的精神境界，不依靠强制，更不依靠物质刺激。

（资料来源：共产党员网，有改动）

（二）场地设施

托育机构应为家长学校提供必要的教学和办公场地，并配置必要的教学和办公设施、设备，以保证家长学校教学和办公活动的正常开展。在实际应用中，为便于授课与实践操作，托育机构的会议室、多媒体报告厅、家长休息室、托育室等场地均可作为家长学校的教室，这些场地应配备开展相关活动需要使用的网络系统、投影设备等。

需要注意的是，托育机构应根据家长学校相关活动的具体要求来调整场地与配套设施，以保障活动能够顺利、有序地开展。

（三）教学材料

教学材料在一定程度上反映了家长学校开办的水平。托育机构应为家长学校提供丰富的教学材料，包括教材、教具、教学参考资料等，并引导家长学校的教师按照有计划、有主题、有教材、有备课的原则开展教学活动。

家长学校的教材应以全国统编教材为主、地方与校本教材为辅，如《家庭教育指导手册》《家长必读》等，在没有全国统编教材的情况下要使用全国家长学校教育实验区指定的教材。

此外，育儿技能的教学通常需要视频演示与实际操作相结合，这就需要家长学校提供育儿技能的学习视频，以及相关的教具和操作材料，如仿真婴儿、生活照料用品、游戏材料等。

二、家长学校的组织结构与管理制度

（一）家长学校的组织结构

家长学校一般设一名校长和若干名工作人员。家长学校的校长一般由托育机构的负责人担任，负责安排与指导家长学校的各项工作。负责培训教师、聘请专家、开展讲座等工作的人员是教研工作负责人，一般由校长任命。负责家长学校教育教学工作的是教师团队，一般由教研工作负责人选聘。在实际工作中，家长学校的工作人员可以根据具体情况来确定。

（二）家长学校的管理制度

家长学校应制订并完善《家长学校章程》《家长学校学员行为规范》等规章制度，明确家长学校的办学宗旨与办学理念、组织结构与职责、权利与义务等，切实做到依法办学、按章行事。具体而言，家长学校的管理制度包括以下几个方面。

1．家长学校岗位责任制度

家长学校应明确管理人员及指导教师的工作岗位与具体职责，制定工作情况考核办法、督查管理办法等。

2．家长学校例会制度

家长学校应明确定期召开的会议类型，如家庭教育专题会、指导教师教研会等，以便统一教师、家长的思想认识，统筹协调家园共育工作。

3．家长学校结业制度

家长学校应制订家长上课考勤、考核、奖惩等方面的管理办法，以充分调动家长的学习积极性，提高参与率。

4．家长学校评估制度

家长学校应定期对家长学习情况、教师教学情况、婴幼儿发展情况等进行评估，并将家长育儿技能的提升、亲子关系的改善、婴幼儿的健康发展等作为重点评估指标。

5．家长学校档案管理制度

家长学校应建立校务工作档案、教学业务档案和家长学习档案等，并根据档案资料的类型制定档案管理方案及归档要求，以便查找和使用。

三、家长学校的教学内容与教学形式

（一）家长学校的教学内容

家长学校的教学任务是根据家长的需要与诉求，对家长进行家庭教育指导，提升家长的教育素质和育儿水平，推进家庭养育与托育机构保育的结合，最终促进婴幼儿全面发展与健康成长。家长学校的教学内容一般包括以下三个部分。

1. 婴幼儿生理与心理发展知识

家长只有在了解婴幼儿生理与心理发展特点的基础上，才能更好地观察婴幼儿的行为表现，理解婴幼儿所要表达的需求，并及时给予恰当、积极的回应。婴幼儿生理与心理发展知识主要包括婴幼儿的体格发展、婴幼儿的动作发展、婴幼儿的语言发展、婴幼儿的认知发展、婴幼儿的情感与社会性发展等。

2. 科学的育儿知识与技能

婴幼儿在成长过程中可能会出现挑食、分离焦虑、社交障碍等问题。因此，家长需要掌握科学的育儿知识与技能，以便较好地处理婴幼儿出现的各种问题。科学的育儿知识与技能主要包括婴幼儿营养与喂养、婴幼儿伤害预防与处理、婴幼儿常见疾病的预防与处理、婴幼儿游戏设计与实施等。

3. 家长的育儿素养

家长是婴幼儿的主要模仿对象，家长的言行举止会潜移默化地影响婴幼儿，家长只有管理好自己的行为和情绪才能更好地教育婴幼儿。家长的育儿素养的教学内容主要包括在育儿过程中如何管理出现的不良情绪、如何建立良好的亲子关系、如何做好高质量陪伴等。

家长学校教学活动的组织流程

育儿纪实

首届“家长学校开学周”主题教育线上活动

为深入贯彻落实《中华人民共和国家庭教育促进法》，进一步把家庭教育与学校教育、社会教育紧密结合起来，帮助和引导家长树立正确的家庭教育观念，中国关心下一代工作委员会事业发展中心于2022年9月15日至21日开展了首届“家长学校开学周”线上主题教育活动。

此次活动由7位家庭教育专家分别为广大家长带来“孩子成长中的风险与防护”“唤醒孩子心中的太阳”“劳动在孩子成长中的意义”“高质量教育体系建设

与家校社协同育人”“青少年情商教育的策略和方法”“习惯养成有方法”“家庭教育的底线：向‘啃老族’说不”等实用的家庭教育公益讲座，得到了广大家长的热烈反馈。

这次活动不仅为家长提供了学习机会，还帮助家长解决了教育中的困惑，引导家长走出了教育误区，指导家长掌握了正确的教育方法。

（资料来源：学习强国，有改动）

（二）家长学校的教学形式

多样化的教学形式不仅能提升家长参与家长学校教育教学活动的兴趣与积极性，还能从不同的方面与角度帮助家长树立科学的育儿理念，并掌握相关知识与实践操作技能。

家长学校可以根据家长的不同需求，采用授课与研讨、集中交流与个别指导、线上教学与线下指导等多种教学形式，分层、分类开展育儿指导，以增强教学的科学性、针对性和实效性。家长学校可采用的教学形式具体包括育儿知识讲座、育儿经验交流主题会、育儿咨询服务、网上家长学校、亲子游戏等。

育儿纪实

“全程超前伴随式”家长培训

北京市教育委员会坚持立德树人、合力育人、需求导向、超前培训、全程覆盖的原则，推出了线上家长学校——“全程超前伴随式”家长培训。该线上家长学校依托微信公众号定期发布家庭教育课程资源。

该线上家长学校不仅可以为家长提供在线指导服务，还可以根据家长的反馈与需求快速更新教学课程。家长不再受时间与地点的限制，可以随时使用手机在该线上家长学校的“家长培训”栏目中筛选学段与年级，找到想要学习的课程，并进行自主学习。

（资料来源：中国教育新闻网，有改动）

一 不定项选择题

1. 家长委员会的组建方式包括（　　）。

A. 家长选举　　B. 教师推荐

C. 家长自荐　　D. 推荐与选举相结合

2. 家长委员会的基本职责包括（　　）。

A. 对托育机构的工作计划提出合理建议

B. 宣传科学的育儿理念与方法

C. 对托育机构的管理工作进行监督

D. 完全采纳家长的意见与建议

3. 家长学校的组建条件包括（　　）。

A. 专业的师资队伍　　B. 完善的教学设备

C. 教学书籍　　D. 教学视频

4. 家长学校的管理制度不包括（　　）。

A. 例会制度　　B. 家长结业制度

C. 家长责任制度　　D. 档案管理制度

5. 家长学校的教学形式包括（　　）。

A. 线上个别指导　　B. 知识讲座

C. 育儿经验交流会　　D. 育儿咨询服务

二 判断题

1. 家长委员会保障了家长了解、评估、参与和监督托育机构工作的权利。（　　）

2. 家长学校将婴幼儿作为主要教育对象。（　　）

3. 家长学校的师资水平决定了家长学校的教学质量。（　　）

4. 家长委员会能够疏通家长与托育机构之间的沟通通道。（　　）

5. 家长委员会委员不可以连任。（　　）

三 简答题

1. 家长委员会成员需要满足哪些要求？
2. 家长学校师资队伍的组成人员可分为几类？

四 实践题

全班学生以小组为单位并按照以下步骤完成本次实践活动。

〔实践分组〕

全班学生以 4～6 人为一组进行分组，各组选出组长并进行任务分工，将小组成员及分工情况填入表 1-1 中。

表 1-1　小组成员及分工情况

<table>
<tr><td>班级</td><td></td><td>组号</td><td></td><td>指导教师</td><td></td></tr>
<tr><td>小组成员</td><td>姓名</td><td>学号</td><td colspan="3">任务分工</td></tr>
<tr><td>组长</td><td></td><td></td><td colspan="3"></td></tr>
<tr><td rowspan="5">组员</td><td></td><td></td><td colspan="3"></td></tr>
<tr><td></td><td></td><td colspan="3"></td></tr>
<tr><td></td><td></td><td colspan="3"></td></tr>
<tr><td></td><td></td><td colspan="3"></td></tr>
<tr><td></td><td></td><td colspan="3"></td></tr>
</table>

〔实践步骤〕

实践一：分析家长委员会与家长学校。

（1）搜集 3 个托育机构家长委员会与家长学校实例。

（2）分析所搜集到的 3 个托育机构家长委员会的组建方式与具体职责等信息，及其存在的优点与不足，并将分析结果填写在表 1-2 中。

表 1-2　家长委员会分析表

托育机构名称	家长委员会的组建方式	家长委员会的具体职责	存在的优点与不足

（3）分析所搜集到的 3 个托育机构家长学校的组织结构与管理制度，及其存在的优点与不足，并将分析结果填写在表 1-3 中。

表 1-3　家长学校分析表

托育机构名称	家长学校的组织结构	家长学校的管理制度	存在的优点与不足

实践二：为家长学校设计主题为“情绪管理，父母先行”的教学内容。

（1）查找托育机构家长学校有关情绪管理的教学活动，学习其教学内容。

（2）根据“情绪管理，父母先行”这一教学主题的教学目的，确定教学形式，设计教学内容并填写表 1-4。

表 1-4　教学设计表

教学主题	情绪管理，父母先行
教学目的	（1）让家长懂得情绪是个中性词，自己是教会孩子情绪管理的第一人； （2）让家长明白自己是孩子的第一任老师，自己要先学会管理好自己的情绪，做好榜样，身教胜于言传； （3）帮助家长掌握一些管理情绪的方法和调节情绪的小技巧
教学形式	
教学内容	家长会产生哪些方面的情绪： （1） （2） （3） 家长的情绪会对婴幼儿产生哪些影响： （1） （2） （3）

续表

教学内容	家长管理情绪的方法： （1） （2） （3） 家长调节情绪的小技巧： （1） （2） （3）

〔实践反思〕

将实践活动过程中遇到的问题、所采取的解决措施、心得感悟等记录到反思记录表表 1-5 中。

表 1-5　反思记录表

问题记录	解决措施	心得感悟

〔实践成果〕

以 PPT 的形式在班级内展示小组实践成果，各组派 1 名代表进行解说。

学习评价

本讲主要介绍了婴幼儿家园共育的途径。通过学习本讲内容，学生应能够掌握家长委员会的组建要点与基本职责，以及家长学校的组建条件、管理制度、教学内容等，从而能够根据婴幼儿家园共育的具体情况与需求，选择合适的婴幼儿家园共育途径。

教师可以从基本知识、实践技能、综合素质、活动成果等方面对学生进行评价，请各位同学配合指导教师共同完成学习评价表（见表 1-6）。

表 1-6　学习评价表

班级		姓名		学号	
组号		指导教师		日期	
评价维度	评价标准	分值	评分		
			自评	互评	师评
基本知识（20 分）	能用自己的话概括家长委员会的基本知识，并能答对相关习题	10			
	能用简洁的话介绍家长学校，并能答对相关习题	10			
实践技能（30 分）	能够合理分析托育机构家长委员会的组建方式与具体职责方面存在的优点与不足	15			
	能够合理分析托育机构家长学校的组织结构与管理制度方面存在的优点与不足	15			
综合素质（20 分）	具有较强的信息搜集能力与分析整理能力	6			
	具备批判性思维，能够客观、理性地分析问题	8			
	具有独立思考的能力，对问题有自己独到的见解	6			
活动成果（30 分）	查找的资料翔实	6			
	教学内容设计合理、科学	10			
	PPT 制作精美、图文并茂	7			
	解说富有条理、吐字清晰	7			
合计		100			
总评	自评（30%）+互评（30%）+师评（40%）=				
教师评语		教师（签名）：			

第二讲 婴幼儿家园共育活动

学习目标

知识目标

- 理解家长沙龙活动、亲子活动、家长开放日活动的相关概念。
- 熟悉家长沙龙活动、亲子活动、家长开放日活动的筹备工作。
- 掌握家长沙龙活动、亲子活动、家长开放日活动的组织与实施要点。

技能目标

- 能够根据家长与婴幼儿的需求，设计合适的家园共育活动。
- 能够调动家长与婴幼儿参与活动的积极性。

素质目标

- 培养尊重婴幼儿、关爱婴幼儿的良好师德。
- 树立创新精神与思辨意识。

模块一 家长沙龙活动

某天，两位家长在阳光托育园发生了以下对话。

家长 A

爱孩子是父母的天性，我们为孩子做的任何事情都是爱孩子的表现，都是为了孩子好。

父母爱孩子没有错，但是父母做的任何事情真的都是孩子需要的吗？真的对孩子好吗？

家长 B

家长 A

孩子这么小，他们懂什么？难道他们会觉得父母对他们不好？

作为父母，我们不能把自己的想法强加在孩子身上，而应该在做一些事情前倾听孩子内心的想法，了解孩子真正的需求。

家长 B

家长 A

孩子现在这么小，他们会有什么想法？就得听父母的，父母做的都是对的。

两位家长争论不休，刘老师听到两位家长的对话，赶紧上前用其他话题缓解紧张的气氛。事后，刘老师认为两位家长争论的问题非常具有讨论性，便决定就这个问题开展一次家长沙龙活动，向家长宣传科学的育儿理念。

典型任务

一、信息获取

1. 描述两位家长争论的核心问题。

2. 提炼两位家长的观点。

二、实践记录

家长沙龙活动方案

假如你是阳光托育园的刘老师，你欲就上述核心问题开展一场家长沙龙活动，请思考活动方案并填写下列内容。

（1）活动主题。

（2）活动目的。

（3）活动方式。

新手指导

一、家长沙龙活动概述

家长沙龙活动是指在家长自愿参加的基础上，由托育机构组织的，就育儿话题进行自由讨论的一种活动。“沙龙”是法语“Salon”的译音，意为客厅，也指以客厅为场所的一种聚会形式。家长沙龙活动的形式较为灵活，且容易被家长接受，因此越来越多地被托育机构采用。

（一）家长沙龙活动的作用

在家长沙龙活动中，不同家长思想的相互碰撞能够为托育机构提升工作质量提供启发与依据；帮助托育机构的工作人员拓宽工作思路，使其工作更加具有开放性与灵活性；为形成家园协同育儿共同体营造良好的氛围。

（二）家长沙龙活动的类型

家长沙龙活动的类型主要包括主题型家长沙龙活动、分享型家长沙龙活动和体验型家长沙龙活动。

1. 主题型家长沙龙活动

主题型家长沙龙活动是指托育机构将家长较为关注的育儿话题，或者婴幼儿发展过程中的典型问题，或者家长在育儿过程中产生的主要困惑等作为活动主题，组织家长进行交流的一种活动形式。例如，“父母的情绪对婴幼儿的影响”“婴幼儿经常咬异物怎么办”“如何理解并满足婴幼儿的心理需求”等，都可以作为活动主题。

开展主题型家长沙龙活动时，家长可以围绕活动主题进行讨论与交流，也可以提出问题。相关专业问题通常由托育机构的工作人员，以及托育机构邀请的专家学者或经验丰富的托育从业人员为家长进行解答。

2. 分享型家长沙龙活动

分享型家长沙龙活动是指由分享者自拟主题，并依据自己的思考、观点或经验等进行分享的一种活动形式。其活动开展方式与主题型家长沙龙活动类似。分享者可以是托育机构的工作人员、专家学者，也可以是家长。

育儿纪实

“我能行，我会做”家长沙龙活动

太阳托育园开展了“我能行，我会做”家长沙龙活动，邀请了3位家长作为本次活动的分享者。在经验交流环节中，3位家长分别上台分享了如何引导孩子自己吃饭、穿衣服、拿东西等育儿经验，并讲解了一些育儿知识与技巧，引起了台下家长们的共鸣。

通过本次活动，家长们学会了如何采用不同的方法培养婴幼儿的自理能力。例如，家长可以采用做游戏的方法来引导婴幼儿学习自理技能，可以采用讲故事或看图片等方法来引导婴幼儿培养自理意识，等等。

（资料来源：上海学前教育网，有改动）

3. 体验型家长沙龙活动

体验型家长沙龙活动是指家长在托育机构精心创设的模拟场景中，以预设角色的身份，通过亲身体验，获得新观点与新看法的一种活动形式。

育儿纪实

“感受婴幼儿眼中的家长”家长沙龙活动

在日常生活中，当一些家长在教育婴幼儿时，婴幼儿会突然感到委屈，然后号啕大哭起来。对此，有的家长表示很困惑，他们认为自己明明在用很平和的语气与婴幼儿说话，不明白婴幼儿的情绪为什么会突然改变。

针对这种情况，某托育机构开展了“感受婴幼儿眼中的家长”家长沙龙活动。该活动通过布置场景，让家长以蹲行、爬行等方式代替正常行走，以此来感受婴幼儿眼中的世界。该活动让家长明白了在娇小的婴幼儿的眼中，家长比较高大、威严、有距离感。因此，家长在与婴幼儿交流时应蹲下来，使自己与婴幼儿尽量保持同一高度，这样可以缩短与婴幼儿之间的距离，给予婴幼儿安全感。

除了以上介绍的几种活动形式之外，保育人员还可以结合实际，充分发挥想象力，设计丰富多彩且具有可行性的家长沙龙活动。

二、家长沙龙活动的筹备工作

在家长沙龙活动开始之前做好充分的筹备工作，不仅能使家长沙龙活动得以顺利开展，还能使家长沙龙活动发挥其应有的作用，从而取得事半功倍的效果。

（一）设计活动方案

家长沙龙活动方案应包括活动主题、活动目的、活动方式、活动时间与地点、活动宣传方式与途径、人员分工与安排等。

1. 活动主题

首先，保育人员应分析开展家长沙龙活动的背景，并明确活动对象，即清楚所要开展的家长沙龙活动是面向特定群体，还是适合所有家长。然后，保育人员应根据活动背景与活动对象确定活动主题，并使用生动、简洁的语言描述活动主题。

2. 活动目的

保育人员应明确家长沙龙活动的核心目的，即清楚所要开展的家长沙龙活动能够解决家长哪些方面的困惑，或者能够帮助家长掌握哪些方面的育儿知识与技能，等等。

3. 活动方式

活动方式是活动主题的实际表达，也是达到活动目的的关键所在。保育人员可以根据不同的活动主题和活动目的，选择不同的活动方式。

一般情况下，若活动目的是解决家长在某方面的育儿困惑，则可以开展主题型家长沙龙活动；若活动目的是希望家长认同托育机构的保育理念，则可以开展分享型家长沙龙活动；若活动目的是希望家长了解并认同保育人员的保育方法及措施，则可以开展体验型家长沙龙活动。在实际工作中，保育人员可以结合具体情况，融合多种活动方式开展系列家长沙龙活动，让家长通过不同的活动方式获得更深层次的认识。

4. 活动时间与地点

在活动时间的选择上，保育人员应尽量选择家长的空闲时间。需要注意的是，如果保育人员选择在婴幼儿离托后的时间段内开展活动，就需要考虑为婴幼儿提供延时看护服务，以确保家长能够安心参加活动，没有后顾之忧。

在活动地点的选择上，保育人员应考虑交通的便利性、环境的安全性等。例如，活动场所是否有直达的公交车，是否有足够的停车位。若是公共场所，则需要提前向有关部门报备，并确认公共场所是否安全。

家长沙龙活动方案样例

5. 活动宣传方式与途径

为调动家长参与活动的积极性，托育机构应选择恰当的活动宣传方式与途径。常见的宣传方式有文字宣传、图片宣传、视频宣传、口头宣传等。常见的宣传途径有通过托育机构的官方网站宣传，通过保育人员个人的社交媒体平台宣传，等等。此外，托育机构还应确定宣传时间和宣传频次，以确保宣传到位。

6. 人员分工与安排

保育人员应根据活动需要确定相关工作岗位、具体工作任务和工作人员数量等，并制作人员安排表（见表 2-1），在其中列明每位工作人员所负责的具体事项，确保分工明确、责任到人。

表 2-1 人员安排表

姓名	工作岗位	负责事项

（二）准备活动材料

丰富的活动材料在家长沙龙活动中占有重要的地位。保育人员在准备活动材料时应做到事无巨细，以确保万无一失，具体可以参考以下步骤。

第一步，明确活动全过程涉及的所有活动材料。

第二步，按照活动材料在活动中的具体用途进行分类，将分类结果填写到活动材料清单（见表 2-2）中，并确定活动材料的具体数量与金额。

第三步，在活动开始前，负责保管活动材料的保育人员应实地清点活动材料，并对照活动材料清单进行逐一核对，以防出现丢三落四的情况。

表 2-2 活动材料清单

序号	材料名称	具体用途	单位	数量	单价	金额	是否检查

（三）布置活动场地

准备好活动材料后，保育人员应布置活动场地，具体工作包括：① 悬挂背景条幅或调试背景屏幕；② 设置签到处、活动区和休息区，并在相应的区域摆放所需物品；③ 设置主持人、主要发言人和参与者的座位，并在座位上摆放水杯、纸、笔等物品。

（四）进行活动彩排

在家长沙龙活动开始前，保育人员应至少安排一次实地彩排，以判断活动内容与流程是否合适，人员分工与安排是否合理，活动材料是否齐全，等等。彩排时，保育人员应注意观察，并详细记录所出现的问题。彩排后，保育人员应根据彩排情况及时优化活动方案。

（五）制订活动应急方案

实际活动中难免会出现一些意外情况，如天气突变、现场失控、设备故障等。保育人员应提前针对可能出现的意外情况制订相应的应急方案，以确保活动的顺利开展。

三、家长沙龙活动的组织与实施要点

在组织与实施家长沙龙活动中，保育人员承担着主要任务，代表着托育机构的专业形象。为展示良好的专业形象，保育人员在组织与实施家长沙龙活动的过程中应注意以下几点。

（一）保育人员应提前到场

家长沙龙活动的形式较为灵活，这使得活动的组织工作也较为复杂。因此，参与组织工作的保育人员应提前到场，检查活动材料与场地，熟悉活动内容与流程，做好充分的准备，以整齐规范的着装、优雅大方的妆容、饱满的精神状态迎接参与活动的家长。

（二）保育人员的态度应热情

负责接待的保育人员应热情、主动、礼貌地接待参与活动的家长，引导其签到、领取活动物品、行至座位、观看宣传片等。

此外，在活动过程中，负责接待的保育人员应关注并及时满足家长的需求，以提升家长的体验感，获得家长的认可。

（三）保育人员要营造恰当的交流氛围

在家长沙龙活动的交流环节中，保育人员应营造轻松、和谐、愉快的交流氛围，充分给予家长自由表达的机会。保育人员可以设置一些互动环节，给更多家长提供参与交流的机会，引导家长进行深入思考和沟通。

（四）保育人员应积极征求家长的意见与建议

在家长沙龙活动结束后，保育人员可以就活动主题与活动方式、活动的组织与实施，以及对活动内容的拓展需求等，向家长征求意见与建议。这样不仅有助于精准把握家长的需求，还有利于改进活动方案，从而提升活动的开展水平。

模块二 亲子活动

【活动主题】

阳光托育园“运动相伴，健康成长”亲子运动会。

【活动时间】

2023 年 5 月 14 日上午 9 点—11 点。

【活动流程】

9:00—9:10 家长就位

↓

9:10—9:30 婴幼儿运动员入场

↓

9:30—9:40 园长致辞

↓

9:40—10:40 亲子运动会开始

（1）婴幼儿运动员与家长共同参与亲子互动游戏“亲子运球”“蚂蚁搬豆”等。

（2）婴幼儿运动员与家长一起配合，完成集体竞赛游戏“赶小猪”“拔河”等。

↓

10:40—11:00 颁奖仪式

园长为各个游戏中表现最佳的婴幼儿与家长颁奖。

典型任务

一、信息获取

1. 描述阳光托育园举办亲子运动会的目的。

2. 描述亲子运动会对家长和婴幼儿所起到的作用。

二、实践记录

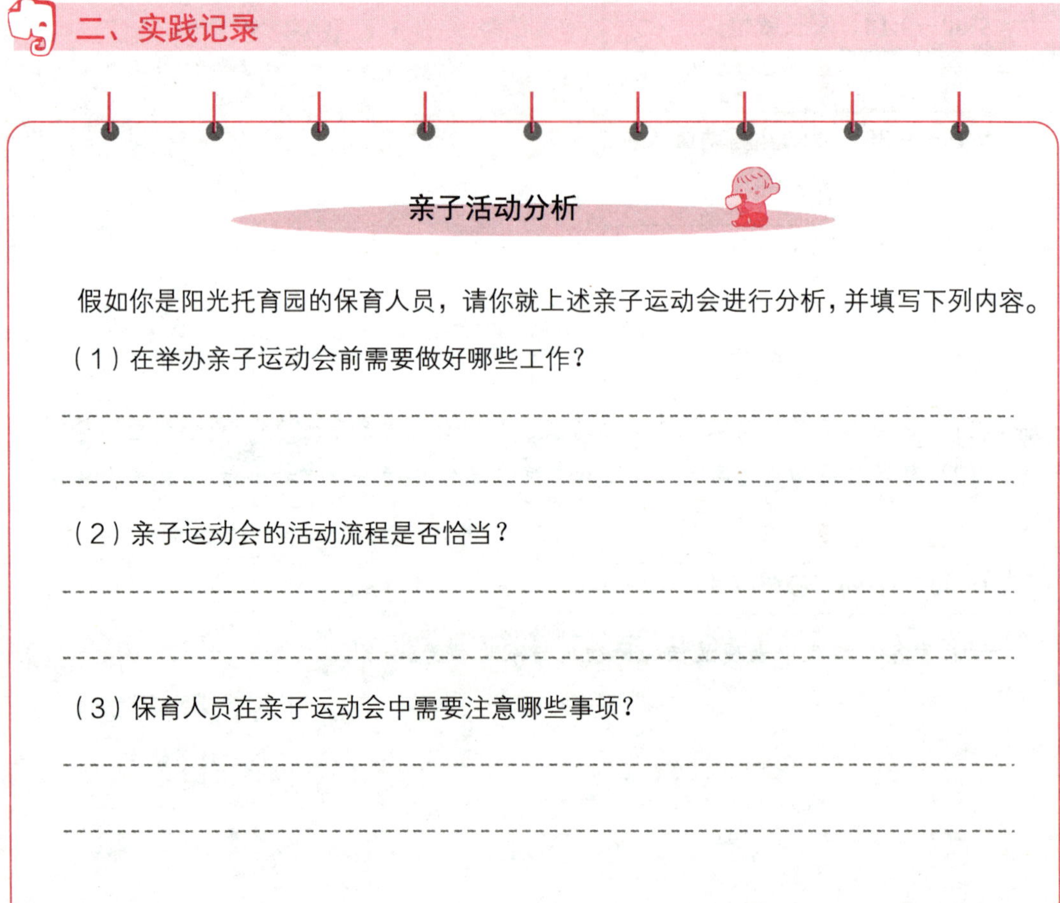

亲子活动分析

假如你是阳光托育园的保育人员，请你就上述亲子运动会进行分析，并填写下列内容。

（1）在举办亲子运动会前需要做好哪些工作？

（2）亲子运动会的活动流程是否恰当？

（3）保育人员在亲子运动会中需要注意哪些事项？

一、亲子活动概述

亲子活动是指托育机构有计划地组织与指导家长和婴幼儿共同开展具有互动性的亲子游戏，旨在向家长宣传科学的育儿理念与方法，促进婴幼儿全面发展的一种具有现场示范性、指导性和实践性的活动。

（一）亲子活动的作用

1. 促进婴幼儿各项能力的发展

在亲子活动中，家长会频繁地与婴幼儿交流，以引导和帮助婴幼儿理解游戏玩法，遵守游戏规则，并完成游戏任务。这样不仅能丰富婴幼儿的知识和经验，还能促进其认知能力、语言能力、社交能力等多方面的发展。

育儿纪实

“好吃的水果”亲子活动

一次，某托育园举办了“好吃的水果”亲子活动。在活动中，婴幼儿通过认识颜色、形状不同的水果，可以获得感知觉的发展；通过辨别不同水果的颜色、形状等，可以获得观察能力的发展；通过运用大脑中储存的有关水果的颜色、形状等信息，分析并记忆所展示的水果，可以获得信息分析能力与记忆力的发展；通过从颜色与形状两个方面联想生活中的其他物品，可以获得联想思维的发展；通过全程参与亲子活动，可以获得注意力的发展；通过与家长的交流，可以获得沟通能力的发展。

2. 提高家长的科学育儿能力

保育人员可以通过亲子活动现场的“教、学、做”，指导家长如何开展具有良性互动的亲子游戏，引导家长树立科学的育儿理念，帮助家长获得专业的育儿知识和实践技能，从而提高家长的科学育儿能力。

3. 增进亲子关系

亲子活动是以亲子间的情感联系为基础的，家长与婴幼儿在活动中通过语言、表情、动作等进行面对面的近距离交流。通过这种交流方式，婴幼儿能够深切地感受到家长的爱与关心，从而更加信任与依恋家长；家长能够更加清楚婴幼儿的情感需求，从而学会运用恰当的语言、表情和行为向婴幼儿传达赞许与认可、鼓励与支持等。

此外，家长与婴幼儿共同参与亲子活动，共同遵守游戏规则，协商意见，有利于形成彼此平等、互相尊重的亲子关系。

（二）亲子活动的类型

亲子活动的类型主要包括集体活动与个别活动。集体活动（如以班为单位的集体活动、全园性的集体活动等）的主体包括全体婴幼儿及其家长，涉及人数较多，因此活动的时间、地点和内容往往具有限制性。个别活动的主体为个别婴幼儿及其家长，活动的时间、地点和内容相对具有灵活性。

二、亲子活动的筹备工作

亲子活动的筹备工作主要包括做好前期分析与调研、设计活动方案、创设活动环境和准备活动材料。

（一）做好前期分析与调研

婴幼儿与家长是亲子活动的两个重要主体。一方面，亲子活动应符合婴幼儿的发展需求。这就要求保育人员全面了解与分析婴幼儿的发展特点，评估婴幼儿的发展水平，从而设计出能有效满足婴幼儿发展需求的亲子活动。

另一方面，家长对亲子活动的需求是保育人员设计亲子活动的重要依据。保育人员可以结合课程实践、家庭教育指导工作等，采用问卷法、访谈法、观察法等对家长进行调研，了解家长对亲子活动的需求和建议，以设计出适宜的亲子活动。

育儿攻略

婴幼儿的身心是按照一定的顺序发展的，其在每个年龄阶段的具体表现均不一样。婴幼儿的身心发展具有连续性与阶段性、方向性与顺序性、普遍性与差异性的特点。

连续性是指婴幼儿的身心发展是一个连续的、渐变的过程。阶段性是指当婴幼儿身心的连续发展积累到一定程度时就会产生质变，即意味着婴幼儿的身心发展到了一个新的阶段，这个阶段会出现不同于前一个阶段的新特点。

方向性与顺序性是指婴幼儿的身心发展总是朝着一定的方向，遵循一定的顺序（如从简单到复杂、从具体到抽象、从被动到主动等）前进。

普遍性是指婴幼儿的身心发展是一个普遍存在的客观过程，其遵循一定的客观规律。差异性是指每个婴幼儿的身心发展都有自己的特色和风格，在发展速度、优势领域及最终达到的水平等方面均存在差异。

育儿纪实

亲子活动的家长调查问卷示例（部分）

敬爱的家长：

您好！这份问卷的目的是了解您对托育机构亲子活动开展现状的看法。本次问卷调查采取匿名方式，所有数据均只用于统计研究，对您不会造成任何影响。因此，请您不要有所顾虑，据实填写即可。感谢您的大力支持！

1. 您是孩子的（　　）。

A. 爸爸、妈妈　　B. 爷爷、奶奶

C. 姥爷、姥姥　　D. 其他

2. 您认为托育机构一学期开展几次亲子活动最合适？（　　）

A. 1 次　　B. 2 次

C. 3 次　　D. 4 次及以上

3. 您认为亲子活动最好安排在什么时间？（　　）

A. 学期初　　B. 学期中

C. 学期末　　D. 无固定时间

4. 您认为亲子活动最好在哪里进行？（　　）

A. 班内　　B. 班外园内

C. 公共场所　　D. 社区

5. 您参加亲子活动的主要目的有哪些？（可多选）（　　）

A. 增进亲子之间的感情　　B. 提高育儿知识与技能水平

C. 促进婴幼儿发展　　D. 完成保育人员布置的活动任务

E. 了解托育机构的保育工作

6. 您愿意参加托育机构开展的哪些亲子活动？（可多选）（　　）

A. 亲子游戏　　B. 亲子制作

C. 亲子才艺展示　　D. 亲子运动会

E. 亲子外出游玩　　F. 亲子场馆参观

G. 亲子社会实践活动　　H. 亲子阅读活动

（二）设计活动方案

做好前期分析与调研后，保育人员应根据调研结果设计活动方案。亲子活动方案的内容一般包括活动主题、活动目的、活动时间、活动地点、参与人员、活动内容、人员分工与安排等，具体的内容及注意事项如表 2-3 所示。

表 2-3　亲子活动方案的内容及注意事项

亲子活动方案的内容	注意事项
活动主题	应使用简洁的语言描述
活动目的	可以从婴幼儿、家长、保育人员、托育机构等方面进行分析与罗列
活动时间与活动地点	应同时满足家长与婴幼儿的需求
参与人员	应明确具体人数
活动内容	应符合活动主题与活动目的，并具有可操作性
人员分工与安排	应明确每个人的具体工作与责任，确保各司其职

保育人员在设计活动内容时，还应特别注意以下两个方面。

（1）注意婴幼儿群体的发展需求。保育人员应立足于当前婴幼儿群体的发展阶段与发展特点，着眼于婴幼儿在家长的帮助下能够达到的更高发展水平，设计出能够有效满足婴幼儿群体发展需求的亲子活动。

婴幼儿亲子活动设计的原则

（2）注意婴幼儿个体的发展需求。保育人员应在考虑婴幼儿群体发展水平的基础上充分兼顾他们之间的差异，尽量使所设计的亲子活动符合活动中每一位婴幼儿的发展需求。

（三）创设活动环境

保育人员应为亲子活动创设适宜的活动环境。活动环境一般包括物质环境与心理环境。物质环境是指开展亲子活动所需要的物质条件，包括活动空间、游戏场地等。心理环境是指亲子活动中的人际关系与活动氛围。其中，人际关系包括保育人员与婴幼儿之间的关系、保育人员与家长之间的关系、家长与婴幼儿之间的亲子关系、婴幼儿与婴幼儿之间的伙伴关系等。物质环境与心理环境具有同等重要的地位，两者缺一不可。

保育人员在创设活动环境时，应注意以下两个方面。

（1）保育人员在创设物质环境时，应根据活动内容合理地划分活动空间、布置活动场地等，并且要确保安全、卫生。需要注意的是，活动空间的划分要有清晰的界限。如果划分得不清晰，则可能会有与活动无关的因素分散婴幼儿的注意力，从而干扰其游戏。

（2）为了让婴幼儿体会到亲子活动带来的愉悦，保育人员应创设一个安全、舒适、轻松、温馨的心理环境。只有在这样的环境中，婴幼儿才能拥有良好的心理状态，其积极性和探索欲才能被激发。

如果亲子活动在托育机构附近的公园进行，那么保育人员在创设活动环境时需要注意哪些事项？请举例说明。

（四）准备活动材料

活动材料是亲子活动的主要工具。适宜的活动材料不仅对婴幼儿与家长在活动中的合作关系有一定的推动作用，还对婴幼儿的发展有一定的促进作用。保育人员在准备活动材料时，应注意以下几个方面。

（1）活动材料必须符合安全标准且结实耐用，不会对婴幼儿造成伤害。

（2）活动材料应符合婴幼儿身心发展的特点，能够被婴幼儿识别，便于操作。

（3）活动材料的种类与数量应丰富、适宜，不应准备与活动无关的材料。

（4）活动材料的摆放应整齐、有序、美观，能够引发婴幼儿的兴趣，并且便于家长和婴幼儿拿取。

育儿攻略

婴幼儿的身心较为脆弱，并且他们难以感知环境中的潜在危险，这就需要保育人员在挑选活动玩具时应预先判断哪些玩具可能会给婴幼儿带来安全威胁。例如，1 岁前的婴儿通常会无意识地把手中的物品放进嘴里啃咬，因此，保育人员应避免选择小珠状、颗粒状或边角尖锐的玩具，以免婴儿误食或被刺伤、刮伤等，而应选择表面光滑、无尖锐边角的玩具。

三、亲子活动的组织与实施要点

保育人员在组织与实施亲子活动的过程中应同时关注婴幼儿与家长。

（一）尊重婴幼儿

婴幼儿是具有独立思考能力的个体，不是保育人员或家长指令的执行者。因此，保育人员在组织与实施亲子活动的过程中，应充分肯定与尊重婴幼儿的自主性，并鼓励婴幼儿表达需求、表现自我。

具体而言，保育人员应仔细观察婴幼儿在亲子活动中的表现，探究婴幼儿的行为特点与行为背后的原因，了解婴幼儿的感受与想法，并据此及时调整活动内容与活动中的保育行为。例如，有的婴幼儿在亲子活动中只想旁观并不想参与其中。此时，保育人员不应强迫婴幼儿参与活动，而应先了解婴幼儿内心的想法，明确婴幼儿不想参与亲子活动的具体原因，然后有针对性地解决问题。

（二）引导家长

1．引导家长学会观察婴幼儿

在亲子活动中，保育人员应引导家长观察婴幼儿，使其学会分析婴幼儿行为背后的原因，从而改变给婴幼儿“贴标签”的消极应对方式，能够正确、合理地对待婴幼儿的行为。若家长能够学会观察婴幼儿，并对婴幼儿的行为回应得当，则能给婴幼儿的发展带来积极、正面的影响。

2. 引导家长学会尊重婴幼儿

在亲子活动中，保育人员应及时与家长沟通，帮助家长意识到自身行为的不妥之处，告诉家长不要用自己的观念去束缚婴幼儿的行为，要尊重婴幼儿的想法，让婴幼儿自主做决定，从而保护婴幼儿探索事物的积极性与主动性，培养婴幼儿独立思考的能力。

3. 引导家长学习相关的育儿知识

保育人员不仅要引导婴幼儿与家长顺利完成亲子活动，还要结合婴幼儿在活动中的表现随时向家长宣传相关的育儿知识。例如，在亲子活动中，有的婴幼儿不管看见什么都喜欢往嘴里放，有的家长会严厉制止婴幼儿这种行为。这时，保育人员可以告诉家长这一阶段的婴幼儿一般会通过视觉、听觉、触觉、味觉、嗅觉等来感知与认识事物，引导家长给予婴幼儿适宜的、正向的支持，而不是盲目地制止。

育儿引航

正确激励婴幼儿

婴幼儿的成长需要表扬和激励。激励必须建立在对婴幼儿成长需求的正确理解与尊重的基础上。物质奖励法只是在一定程度上满足了婴幼儿的基础需要，是一种“快餐式”的物质满足。婴幼儿高层次的爱与归属的需要、自尊的需要、自我实现的需要、追求真善美的需要，还未被发现、未被满足。

家长与保育人员在激励婴幼儿时要处理好精神与物质的平衡，尽量以精神激励为主，物质激励为辅。如果家长与保育人员仅用物质奖励法来激励婴幼儿，则可能会阻碍婴幼儿向更高层次的精神追求进发。因此，家长与保育人员应深入了解和分析婴幼儿的成长需求，尊重和把握婴幼儿成长的阶段性，以及其需求的丰富性、层次性等特点，少使用简单化、功利化的教育方式。

激励婴幼儿是唤醒婴幼儿精神自觉的有效措施。婴幼儿需要在激励与表扬中长大，只有科学激励、及时表扬，才能使婴幼儿更好地成长。

（资料来源：中国教育报，有改动）

模块三 家长开放日活动

阳光托育园为了让家长更好地了解婴幼儿在园的学习情况、生活情况、游戏情况等，于2023年6月6日，举办了“家园携手，快乐成长”家长开放日活动。

在活动当天，家长观摩了婴幼儿在园的一日生活。在游戏活动中，保育人员充分重视婴幼儿的主体参与性，以提问题的方式吸引婴幼儿的注意力，激发婴幼儿的兴趣，让婴幼儿在游戏中学会探索事物的方法。

通过此次活动，保育人员将尊重婴幼儿、信任婴幼儿、充分给予婴幼儿自主探索的机会等宝贵经验与科学的育儿理念传递给了家长。

一、信息获取

1. 描述家长参与家长开放日活动的目的。

2. 描述阳光托育园举办家长开放日活动的意义。

二、实践记录

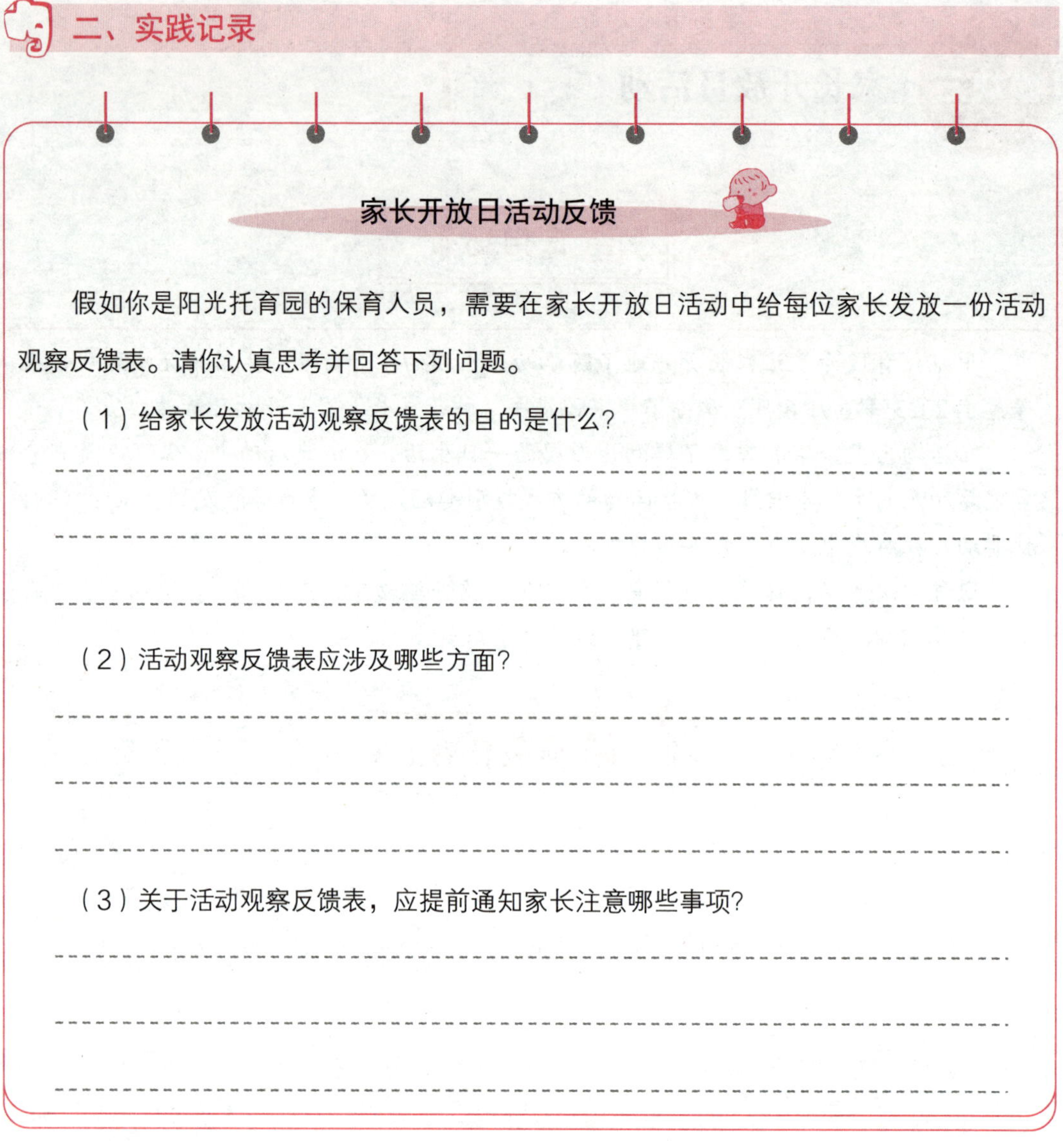

家长开放日活动反馈

假如你是阳光托育园的保育人员，需要在家长开放日活动中给每位家长发放一份活动观察反馈表。请你认真思考并回答下列问题。

（1）给家长发放活动观察反馈表的目的是什么？

（2）活动观察反馈表应涉及哪些方面？

（3）关于活动观察反馈表，应提前通知家长注意哪些事项？

新手指导

一、家长开放日活动概述

家长开放日活动是指托育机构定期或不定期邀请家长参观托育机构保育工作的一种活动。例如，某托育机构举办家长半日开放活动，邀请家长观摩婴幼儿教学、游戏等。

托育机构举办家长开放日活动不仅能够增进家长与保育人员、家长与家长之间的沟通与交流，还能够有效收集家长的意见与建议，进而据此改进托育机构的保育工作。

 二、家长开放日活动的筹备工作

家长开放日活动通常要向家长展示婴幼儿在托育机构的学习、游戏等情况。这就要求保育人员提前做好筹备工作，充分考虑每个细节，做到有目的、有计划地开展家长开放日活动。

（一）设计活动方案

家长开放日活动方案主要包括活动主题、活动目的、活动内容、人员安排等。

1. 活动主题

活动主题应使用简洁、明确的语言进行描述，以便家长能根据活动主题直观地了解家长开放日活动的主要内容。

2. 活动目的

活动目的应具体，不能太空泛，以便将托育机构举办活动的初衷全面、有效地传达给家长，从而使家长理解与配合托育机构的工作。

需要注意的是，不同主题、不同时间的家长开放日活动，其活动目的的侧重点也有所不同。因此，保育人员应根据活动主题，从保育目标出发，结合婴幼儿当前的发展特点与发展水平，以及家长的实际情况等，确定活动目的。

例如，每学期初举办的家长开放日活动，其活动目的大多是向家长展示婴幼儿在托育机构的一日生活安排，让家长了解婴幼儿在托育机构的具体生活情况，促使家长认可托育机构的保育理念及对婴幼儿的日常照护安排。又如，在某节日举办的家长开放日活动，其活动目的大多是激发家长与婴幼儿共同欢度节日的兴趣，增进亲子感情。

育儿互动

某托育机构拟举办以“相约春日，童心童行”为主题的家长开放日活动，邀请家长们走进托育机构，观摩托大班的户外活动。

请思考：该托育机构举办此次家长开放日活动的目的是什么？

3. 活动内容

保育人员在设计活动内容时，应考虑以下几个方面。

（1）活动内容应合理。保育人员设计的活动内容应合理，不能让家长无所事事，也不能让家长一直忙碌，无暇观察婴幼儿。保育人员应从实际出发，设计贴近婴幼儿与家长日常生活的活动，以便双方快速地融入活动。

（2）活动内容应符合婴幼儿的发展特点。婴幼儿在不同的发展阶段会有不同的发展特点，家长对婴幼儿的关注点也会随之变化。保育人员应根据婴幼儿的年龄与发展特点设

计新颖、有趣，且符合家长观察要求的活动内容。例如，婴幼儿具有好动、喜欢探索与动手操作等发展特点，保育人员针对此设计了一些能够激发婴幼儿兴趣，并且能够使其保持较长时间注意力的操作活动。

（3）活动内容应融合婴幼儿所学的知识与技能。保育人员应将婴幼儿平时所学的知识与技能融入活动内容中，以便向家长展示婴幼儿的学习与发展情况。

4. 人员安排

在举办家长开放日活动之前，参加活动的保育人员应提前协商具体分工，明确各自的责任，以确保每个人都能有条不紊地开展工作，不会出现手忙脚乱的情况。一般来说，家长开放日活动需要一名保育人员专门负责协调全方面工作，需要一名保育人员专门负责收集家长的意见与建议，需要多名保育人员分别负责某几个活动环节。其具体人员安排应根据实际情况而定。

如果人员不够，那么保育人员可以在家长自愿的原则下，邀请家长协助组织家长开放日活动。例如，有的家长可以负责摄像与摄影，有的家长可以帮助维持活动秩序。这样不仅能使家长有机会深入了解保育人员的工作，还能增进家长与保育人员之间的相互理解与沟通。

（二）布置活动场地

保育人员应提前布置活动场地。保育人员可以根据活动内容安排婴幼儿与家长的座位，并准备适宜的活动材料。例如，若活动内容是室内的学习活动，则保育人员可以把座位布置成圆形或半圆形，将家长的座位安排在婴幼儿的后面；若活动内容是室外的游戏活动，则保育人员不仅需要布置适合婴幼儿活动的场地，准备活动材料，还需要检查场地和活动材料的卫生与安全情况，以确保活动能够顺利进行。

（三）制订应急预案

保育人员应制订应急预案，对可能出现的突发情况做好预估并制定应对策略。例如，如果家长开放日活动当天出现下雨的情况，那么原计划的户外活动将不能进行，保育人员需要安排备用场地或改变活动内容。

三、家长开放日活动的组织与实施要点

（一）提前通知家长与婴幼儿

1. 提前通知家长

为确保家长开放日活动顺利开展，保育人员应做好家长通知工作，通知的内容包括以下几个方面。

（1）通知家长活动时间。保育人员可以通过打电话、发短信和面对面口头传达等方式通知家长，确保每位家长都知道活动时间，并在进一步的沟通中了解每位家长是否能够参与活动，以及能够参与活动的具体人数。对不能参与活动的家长，保育人员应提醒家长向婴幼儿做好充分的解释，以免婴幼儿对家长未到场产生失落感。

（2）通知家长活动内容。保育人员应通知家长活动的主要内容与注意事项，让家长对活动有初步的了解，并做好相关准备。

（3）提醒家长认真观察。保育人员应事先提醒家长观察活动中婴幼儿的行为举止与情绪变化，寻找婴幼儿的闪光点及需要加强培养的地方；提醒家长观察保育人员，学习一些具体的保育方法，并对保育人员的工作提出相关意见或建议。

家长开放日活动观察记录表

2. 提前通知婴幼儿

婴幼儿通常会对未知的事物缺乏安全感，因此，保育人员应提前将活动的时间与主要内容告知给婴幼儿，这样不仅可以满足婴幼儿的安全感需要，还可以引发婴幼儿的好奇心与兴趣，让婴幼儿对活动充满期待。对于个别需要特别关注的婴幼儿（如不愿意参与活动的婴幼儿等），保育人员应与其进行个别沟通，鼓励其积极参与，并表达对其的期待，让其感受到保育人员的关爱与支持。

育儿互动

如果保育人员没有提前通知婴幼儿家长开放日活动的时间与主要内容，那么在家长开放日活动当天婴幼儿可能会产生哪些情绪？会出现哪些行为？保育人员应该如何应对？

（二）及时反思与反馈

保育人员应根据家长开放日活动的具体情况设计家长开放日活动观察反馈表（见表 2-4），将保育人员和婴幼儿在活动中的表现分为若干项供家长评价。保育人员通过分析家长开放日活动观察反馈表，主动了解家长对家长开放日活动的看法，对托育机构一日生活的安排、婴幼儿的发展情况、保育人员的工作情况等的满意程度，以及对托育机构保育工作的意见与建议等。

保育人员应根据家长的看法、满意程度，以及家长提出的意见与建议，认真反思家长开放日活动的不足，进而不断改进家长开放日活动的组织工作及日常保育工作。同时，保育人员还应及时将反思与改进措施反馈给家长，肯定家长的参与和建议，表扬婴幼儿的表现和进步，从而为下次活动的开展奠定良好的基础。

表 2-4　家长开放日活动观察反馈表（示例）

______班_____婴幼儿的家长　　　　　　　　　　活动时间：______年_____月____日

活动主题：				保育人员：			
保育人员的指导情况	满意	较满意	不满意	婴幼儿的发展情况	完全符合	基本符合	不符合
提供的学具恰当且实用，操作性强				参加活动的兴趣浓厚			
态度亲切，与婴幼儿互动的气氛好				在活动中与保育人员互动频繁			
能为婴幼儿提供恰当的动手、动脑的机会				能体现良好的生活习惯			
能关注每一位婴幼儿，尊重每一位婴幼儿的差异性				能仔细观察，认真思考			
能充当好婴幼儿活动的引导者、合作者、支持者等角色				能大胆地表达自己的观点，体现良好的语言表达能力			
能达到一定的教育目的				能积极动手操作			

家长的意见与建议：

一　不定项选择题

1．家长沙龙活动的类型不包括（　　）。

A．主题型家长沙龙活动　　B．专题型家长沙龙活动

C．分享型家长沙龙活动　　D．体验型家长沙龙活动

2. 家长沙龙活动的宣传方式包括（　　）。

A. 文字宣传　　B. 图片宣传

C. 视频宣传　　D. 口头宣传

3. 亲子活动的筹备工作不包括（　　）。

A. 做好前期分析与调研　　B. 设计活动方案

C. 创设活动环境　　D. 保育人员提前到场

4. 亲子活动的组织与实施要点包括（　　）。

A. 保育人员应充分尊重与支持婴幼儿的想法

B. 保育人员应引导家长学会观察婴幼儿

C. 保育人员应引导家长学会尊重婴幼儿

D. 保育人员应引导家长学习相关育儿知识

5. 家长开放日活动的作用包括（　　）。

A. 能够增进婴幼儿与家长之间的亲子关系

B. 能够增进家长与保育人员、家长与家长之间的沟通与交流

C. 能够有效收集家长的意见与建议，进而据此改进托育机构的保育工作

D. 能够促进婴幼儿全方面发展

二 判断题

1. 在家长沙龙活动中，不同家长思想的相互碰撞能够为托育机构提升工作质量提供启发与依据。（　　）

2. 亲子活动可以促进婴幼儿认知能力、语言能力、社交能力等多方面的发展。（　　）

3. 保育人员可以通过亲子活动现场的“教、学、做”，指导家长如何开展具有良性互动的亲子游戏。（　　）

4. 家长开放日活动的形式较为灵活、有针对性。（　　）

5. 保育人员可以不用提前通知婴幼儿家长开放日活动的时间与内容，这样婴幼儿在活动当日就会有强烈的好奇心与兴趣。（　　）

三 简答题

1. 托育机构开展亲子活动的作用是什么？

2. 保育人员在组织与实施家长开放日活动时，需要注意哪些要点？

四 实践题

全班学生以小组为单位并按照以下步骤完成本次“婴幼儿家园共育”情景模拟活动。

〔实践分组〕

全班学生以 6~8 人为一组进行分组，各组选出组长并进行任务分工，将小组成员及

分工情况填入表 2-5 中。

表 2-5　小组成员及分工情况

班级		组号		指导教师	
小组成员	姓名	学号	任务分工		
组长					
组员					

〔实践步骤〕

（1）分别搜集 1 个家长沙龙活动方案、1 个亲子活动方案和 1 个家长开放日活动方案，并进行分析与学习。

（2）在家长沙龙活动、亲子活动、家长开放日活动中任选一个活动形式，设计一份活动方案，并将内容填写到表 2-6 中。

表 2-6　家园共育活动方案

活动形式		
活动主题		
活动目的	（1） （2）	
活动内容	（1） （2） （3）	
活动时间		
活动地点		
人员分工与安排	姓名	具体工作与职责

（3）思考组织与实施该活动时应当注意的要点，并将其填写到表 2-7 中。

表 2-7　活动注意要点

序号	注意要点

（4）小组成员根据活动方案与注意要点，编写情景模拟脚本。

（5）分配角色，各角色扮演者熟悉脚本、背诵台词，然后进行排练。

（6）进行情景模拟并录制视频。

〔实践反思〕

将实践活动过程中遇到的问题、解决措施、心得感悟等记录到反思记录表表 2-8 中。

表 2-8　反思记录表

问题记录	解决措施	心得感悟

〔实践成果〕

将小组的活动方案以 PPT 的形式在班级内展示，并展示模拟视频，各组派 1 名代表进行总结陈述。

学习评价

本讲主要介绍了婴幼儿家园共育的具体活动。通过学习本讲内容，学生应能够根据实际情况选择合适的活动形式，用心做好活动筹备工作，把握活动的实施要点，精心组织一场婴幼儿家园共育活动。

教师可以从基本知识、实践技能、综合素质、活动成果等方面对学生进行评价，请各位同学配合指导教师共同完成学习评价表（见表 2-9）。

表 2-9　学习评价表

班级		姓名		学号	
组号		指导教师		日期	
评价维度	评价标准	分值	评分		
			自评	互评	师评
基本知识（20 分）	掌握家长沙龙活动的基本知识	7			
	掌握亲子活动的基本知识	7			
	掌握家长开放日活动的基本知识	6			
实践技能（30 分）	能够设计一份家园共育活动方案	15			
	能够组织一场家园共育活动	15			
综合素质（20 分）	具备较强的信息搜集能力与分析整理能力	5			
	具备创新思维，能够提出富有创造性的意见和建议	5			
	具备良好的团队协作能力与沟通能力	5			
	能够按时按质完成任务	5			
活动成果（30 分）	活动方案具有独创性和新意	6			
	情景模拟生动形象、真实流畅	6			
	视频剪辑镜头连贯、内容详尽	6			
	PPT 制作精美	6			
	陈述口齿清晰、仪态大方	6			
合计		100			
总评	自评（30%）+互评（30%）+师评（40%）=				
教师评语		教师（签名）：			

幼有善育——具体策略篇

第三讲

婴幼儿家园沟通

学习目标

知识目标

- 熟悉婴幼儿家园沟通的原则、影响因素和技巧。
- 掌握不同类型家长的沟通策略。

技能目标

- 能够自觉遵循沟通原则，灵活使用沟通技巧。
- 能够针对不同类型的家长，采用适当的沟通策略。

素质目标

- 培养同理心与换位思考的能力。
- 提高表达能力与沟通能力。

婴幼儿家园沟通概述

某天下午，在阳光托育园门口，刘老师与彤彤妈妈发生了以下对话。

彤彤妈妈：刘老师好，我有些事情想问问您。

刘老师：您好，彤彤妈妈，您想问什么事情呢？

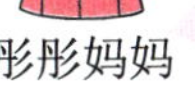
彤彤妈妈：我想知道彤彤在托育机构的生活、学习、游戏情况，她有什么异常表现吗？

刘老师：彤彤在各个方面都表现得很好。

彤彤妈妈：真的吗？可以具体讲一讲吗？彤彤不会主动对我说她的事情，所以我不太了解她在托育机构的具体情况。

刘老师：彤彤妈妈请放心，彤彤没什么异常表现，各方面都挺好的，没什么需要特别注意的。

彤彤妈妈：那好吧……

典型任务

一、信息获取

1．描述彤彤妈妈的沟通目的。

2．分析上述沟通的效果，以及刘老师存在的沟通问题。

二、实践记录

沟通建议表

针对上述场景，请你为刘老师提供一些沟通技巧。

（1）倾听技巧。

（2）表达技巧。

新手指导

婴幼儿家园沟通是指保育人员与家长在育儿理念、知识、技巧等方面交换意见、观点的过程。及时、有效的沟通不仅是维系家长与保育人员之间共育关系的纽带，还是调节家园关系的润滑剂、提高保育人员工作效率的催化剂、提升保育人员个人修养的助推剂。

一、婴幼儿家园沟通的原则

（一）平等性原则

保育人员与家长之间是平等的，不存在身份、地位的高低之分，双方都对婴幼儿的成长起教育、引导和示范作用。保育人员在与家长沟通时，应当本着平等、尊重、友好的原则，与家长一起商量、探讨婴幼儿的发展情况与教养问题，虚心听取家长的意见与建议。

此外，保育人员对待所有家长都应当一视同仁，让每一位家长都能感受到自己被关注和被重视。这样才能取得家长的信任，争取家长的配合，达到家园共育的目的。

育儿互动

保育人员较为专业，因此应在婴幼儿家园沟通中占据主导地位。这种观点正确吗？请说明理由。

（二）差异性原则

每位家长的育儿态度、育儿理念、育儿方法等各不相同。因此，保育人员应当充分尊重家长的差异性，根据每位家长的具体情况，采用适当的沟通技巧与策略，做到有效沟通。

（三）及时性原则

保育人员应及时与家长进行沟通，一方面让家长及时了解婴幼儿的发展情况，另一方面及时了解家长的困惑、意见和建议等。此外，保育人员在与家长沟通后，应及时记录沟通过程，总结沟通的主要内容及存在的问题，为下一次沟通做好准备。

（四）长期性原则

婴幼儿的成长是一个长期过程，对应的婴幼儿家园沟通也应是一项长期性、持续性的活动。保育人员应当建立长期、有效的婴幼儿家园沟通机制，使婴幼儿家园沟通常态化，从而实现托育机构与家庭对婴幼儿的同步教育。

二、婴幼儿家园沟通的影响因素

（一）个人认知因素

每个人都有自己独特的认知结构。认知结构是指个体头脑中的知识结构，它主要受个人的文化背景、社会地位及性格特征的影响。因此，不同的个体对同样的事物往往会产生不同的看法。

在婴幼儿家园沟通的过程中，保育人员往往会按照自己的交流习惯和表达方式传达信息，家长则会根据自己的动机、经验及需求，有选择地接收保育人员所传达的信息。当保育人员传达的信息不能完全为家长所理解时，就会出现“沟通漏斗”效应（见图 3-1），使得双方之间的沟通变得困难。

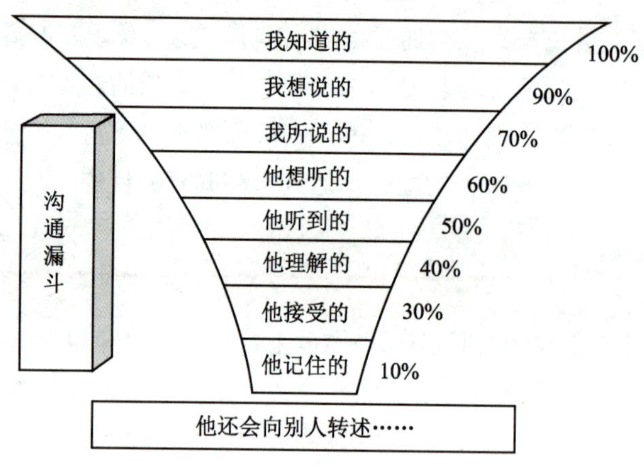

图 3-1 “沟通漏斗”效应

如何减少家园沟通中的“沟通漏斗”效应

（二）符号语义因素

在婴幼儿家园沟通的过程中，除了基本的语言交流外，保育人员与家长还会使用各种非语言符号，如手势、表情等。这些符号通常具有多种含义。由于保育人员与家长的理解与表达能力不同，有时双方会无意间选择理解错误的符号，从而使沟通双方之间产生误解。

（三）沟通渠道因素

婴幼儿家园沟通的渠道包括面对面沟通、电话沟通、微信沟通、邮件沟通等。保育人员应注重沟通渠道的选择，避免信息由于沟通渠道选择不当、沟通渠道过长等因素而在传递的过程中被歪曲或丢失。对于重要信息的沟通，保育人员应采用面对面的沟通渠道。

沟通的6C原则

在与他人沟通时，个人要想做到有效的沟通，就需要遵循6C原则。6C原则即清晰（clear）、简明（concise）、准确（correct）、完整（complete）、有建设性（constructive）、礼貌（courteous）。6C原则的具体内涵如表3-1所示。

表3-1　6C原则的内涵

原则	内涵
清晰	表达的信息清楚、有序，能够被对方所理解
简明	能够用简洁明了的语言表述信息
准确	表达的信息准确无误，符合实际
完整	表达的信息全面完整，没有遗漏
有建设性	有明确的沟通目的，能取得一定的沟通效果
礼貌	能够采用礼貌、得体的沟通方式，与对方进行友好交流

三、婴幼儿家园沟通的技巧

（一）善于倾听

听是人与生俱来的听见声音的能力，是人的感觉器官对声音的生理反应。倾听并不等于单纯地听。倾听是有目的、更认真、更积极的听，是一种生理活动，更是一种情感活动。

对于保育人员来说，倾听是一项非常重要的婴幼儿家园沟通技能。保育人员只有善于倾听家长所说的话，从中获取重要的信息，并理解其含义，才能帮助家长剖析并解决问题，从而满足家长的需求。

1．端正倾听的态度

保育人员应端正倾听的态度，学会倾听。良好的倾听态度包括安静、耐心和认真。

1）安静

只有在安静的环境中，保育人员才能听清楚家长在说什么，才不会遗漏重要的信息。也只有当保育人员安静地倾听时，家长才能感到自己的讲话是受关注和被尊重的。具体而言，保育人员在与家长沟通之前，应选择环境安静且便于谈话的场合。在倾听家长讲话时，保育人员应聚精会神，保持安静，不与他人窃窃私语，不发出无关的声音，如跺脚声、翻看书本的声音等。

2）耐心

保育人员应耐心地倾听家长讲话，不要随意打断家长讲话，更不要不加以思索便急于下结论，以免误解家长所要表达的真实意思。在家长讲话结束之后，保育人员可以问“您的意思是……吗？”“我没理解错的话，您需要……”等，以印证自己所理解的意思与家长所表达的相一致。

3）认真

在倾听家长讲话时，保育人员应始终同家长保持适当的目光接触，并适时用点头的动作或“嗯”“明白”等话语做出积极的回应，以表明自己确实在认真倾听。

育儿互动

在与他人沟通的过程中，你是否有过急于表达自己的观点而打断对方的话的经历？这样做产生了什么后果？

2．关注倾听的内容

在倾听家长讲话时，保育人员需要关注多方面的内容，主要包括家长的主要观点、言外之意、情感，以及表情语言、肢体语言等。

（1）主要观点。保育人员应将精力集中在捕捉信息的精髓上，抓住家长表达的核心内容，理解家长的主要观点与想法。

（2）言外之意。不是所有家长都愿意把自己的真实观点与想法直接表达出来。因此，保育人员应仔细揣摩家长的言外之意，了解家长的真实想法。

（3）情感。保育人员应在听清楚家长的真实想法的基础上，更多地去理解家长的内心感受，并及时给予回应。这样有利于形成情感共鸣，从而促进双方更深层次的沟通。

（4）表情语言与肢体语言。保育人员在倾听家长讲话的同时，还应通过观察家长的表情、手势、身体姿势等，了解其心理活动，从而更好地理解其内心的真实感受。

（二）有效表达

在与家长沟通的过程中，保育人员应使用得体的语言与恰当的动作来表达自己的想法与感受，以增进与家长之间的交流，消除与家长之间的隔阂，从而达到和谐、有效沟通的目的。

如何把握好家园沟通的分寸

1．语言表达技巧

1）称呼得体

得体的称呼能使家长感到亲切和被尊重，为沟通营造良好的氛围；称呼不得体，往往会引起家长的不快甚至反感，使得沟通受阻。在与家长沟通时，保育人员应根据家长的年龄、性别、家庭身份等具体情况来确定对家长的称呼，确保称呼得体。

2）注意场合与分寸

在与家长沟通的过程中，保育人员不仅应表达得清楚、生动、准确，还应注意场合与分寸。在较为正式的场合（如家长会），保育人员应少用或不用俚语与方言，同时切忌滥用辞藻、言之无物。

3）适度称赞对方

每个人都希望受到别人的称赞。如果保育人员能够发掘家长的优点与长处，并对其进行赞美，那么家长会很乐意与保育人员多沟通。需要注意的是，赞美要适度，要真诚，要有具体的内容，绝不能曲意逢迎、盲目奉承。

4）避免争论

争论的结果往往是不愉快的，也会影响双方进一步的沟通。因此，当保育人员与家长产生分歧时，应避免争论，而要通过讨论、协商的方式解决分歧。若无法达成共识，“求同存异”则是最好的方式。保育人员千万不要将自己的想法强加给家长，这样不仅不会达到沟通的目的，还不利于构建和谐、友好的家园关系。

5）少用专业术语

不是所有家长都能理解专业术语。因此，在与家长沟通时，保育人员应少用专业术语，尽量用通俗、简洁明了的语言表达观点，以便家长能够完全理解保育人员表达的意思。

少说与多说

少说抱怨的话，多说宽容的话。
少说讽刺的话，多说尊重的话。
少说拒绝的话，多说关怀的话。
少说命令的话，多说商量的话。
少说批评的话，多说赞美的话。
少说无关的话，多说有用的话。
少说寒心的话，多说安慰的话。
少说泄气的话，多说鼓励的话。

2. 非语言表达技巧

1）注意语气和语调

对于相同的内容，用不同的语气和语调进行表达，就会产生不同的意思。例如，“朵朵的想法挺多呀！”这句话用激昂、欢快的语气和语调说是表达赞赏，用低沉、冷淡的语气和语调说是表达不满与批评。因此，要想使表达更准确，保育人员需要注意表达时的语气和语调。

通常，语气和语调要根据表达的内容、沟通的场合有所变化。一般来说，当表达的内容较为重要、沟通的场合较为正式时，保育人员可以适当地提高音量，放慢语速，以突出重点；反之，则可以适当地降低音量，以追求自然。

2）保持微笑

微笑能够传递热情、真诚、友好的情感，能够消除保育人员与家长之间的隔阂，能够拉近家园之间的距离。当保育人员与家长处在紧张的沟通氛围中时，一个友善、由衷的微笑，能瞬间让沟通氛围变得轻松、融洽起来。因此，保育人员在与家长沟通时应保持微笑。哪怕是在打电话，保育人员也要试着在讲话的时候保持微笑，通过微笑所传达出来的善意与真诚是能够让家长感受到的。

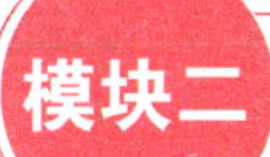

模块二 不同类型家长的沟通策略

阳光托育园的周老师在与家长沟通后，描绘了3位家长的“画像”。

①

姓名：张女士（悦悦的妈妈）

性格特点：敏感多疑，遇事不冷静，容易冲动。

沟通风格：张女士在与老师沟通时，不会理智地分析问题，经常带着愤怒的情绪质问老师，而且会怀疑老师描述的客观事实。

②

姓名：王先生（轩轩的爸爸）

性格特点：对孩子较为严格，控制欲较强。

沟通风格：王先生在与老师沟通时，经常占据主导地位，会一直表达自己的见解，不采纳老师提出的合理建议，还会要求老师满足其不合理的要求。

③

姓名：李阿姨（涵涵的奶奶）

性格特点：没有主见，会无条件地满足孩子的一切需求。

沟通风格：李阿姨在与老师沟通时，会一直夸赞自己的孙子，并且会否认孙子存在的问题，还会无视老师提出的建议。

典型任务

一、信息获取

1. 判断 3 位家长的类型。

2. 描述周老师在与 3 位家长沟通时遇到的沟通问题。

二、实践记录

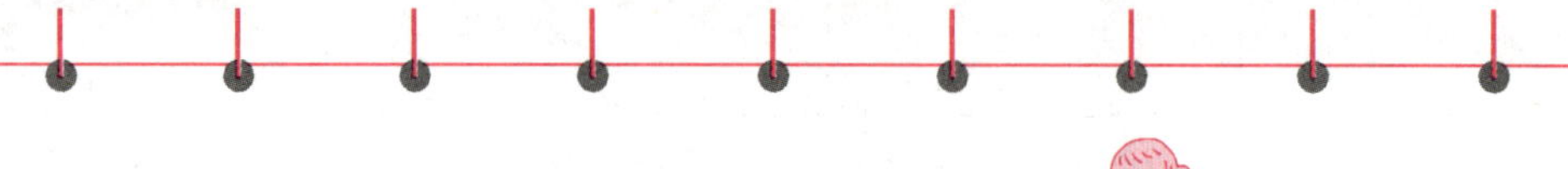

沟通策略记录表

请你为周老师提供有效的沟通策略。

沟通对象：张女士（悦悦的妈妈）

沟通策略：

沟通对象：王先生（轩轩的爸爸）

沟通策略：

沟通对象：李阿姨（涵涵的奶奶）

沟通策略：

新手指导

一、溺爱型家长的沟通策略

（一）溺爱型家长的特点

溺爱型家长的特点是放纵婴幼儿、过度宠爱婴幼儿。溺爱型家长通常分不清爱与溺爱的区别，他们对婴幼儿的需求的响应度较高，会无条件地满足婴幼儿的一切合理或不合理的需求，但对婴幼儿的要求较低。

（二）具体沟通策略

1. 换位思考，营造氛围

保育人员应持有同理心，学会换位思考，将心比心。具体而言，保育人员应主动体会溺爱型家长关爱婴幼儿的心理，肯定家长对婴幼儿的关心与爱护，理解家长的想法与做法，如向家长表达“我感受到了您对孩子的爱”，以消除家长的防御心理，为进一步沟通奠定良好的基础。

2. 巧用语言，指出错误

在沟通的过程中，保育人员应用平和的语气，委婉地指出婴幼儿的错误，同时巧用肢体语言来示范婴幼儿的错误行为，从而让溺爱型家长直观地认识到婴幼儿存在的一些问题。

如何巧妙地向溺爱型家长反映婴幼儿的问题

3. 结合案例，提供建议

保育人员在与溺爱型家长沟通时，可以结合具体的案例，客观地描述婴幼儿的情况与问题，让家长明白过分宠爱婴幼儿非但不会促进婴幼儿全面发展，反而会对其健康人格的形成产生不好的影响。此外，保育人员还可以针对婴幼儿的具体情况，为家长提供一些育儿建议与管教方法，帮助家长转变育儿理念。

二、放任型家长的沟通策略

（一）放任型家长的特点

放任型家长的特点是不主动、不关心、不参与。放任型家长基本不会主动与保育人员沟通交流，并且不太关心婴幼儿在托育机构的情况，不经常参与托育机构举办的家园共育活动，也不会对托育机构与保育人员提出过多要求。

（二）具体沟通策略

1. 沟通态度要主动

放任型家长是最容易被保育人员忽略的，但是从婴幼儿发展的角度来看，这类家长是最需要保育人员支持与干预的。保育人员应主动、热情地联系放任型家长，积极地向家长分享婴幼儿在托育机构的情况，并提醒家长要关注婴幼儿，多与婴幼儿互动。例如，保育人员应反复叮嘱家长与婴幼儿一起完成亲子游戏。对于放任型家长的进步，保育人员应给予肯定与赞扬，以促进双方进一步的合作。

2. 沟通频次要适中

放任型家长可能出于工作忙、育儿知识有限等原因，不太关心婴幼儿的发展情况。保育人员应理解放任型家长的困难之处，在不影响其工作和生活的基础上，保持适中的沟通频次，如每周联系家长3次等。每次沟通，保育人员都应主动询问家长的育儿困惑，耐心地倾听家长的育儿感受，细致地为其讲解育儿知识与育儿技巧，使家长逐渐转变育儿态度，增强育儿意识。

3. 沟通方式要恰当

保育人员可以采取“一对一”的沟通方式与放任型家长进行沟通。需要注意的是，为保证沟通效果，保育人员不仅应提前通知放任型家长具体的沟通时间与沟通地点，还应提前设想具体的沟通内容，把握沟通要点。

三、敏感多疑型家长的沟通策略

（一）敏感多疑型家长的特点

敏感多疑型家长的特点是缺乏安全感、不信任他人、情绪不稳定。敏感多疑型家长遇到事情会胡思乱想，容易产生消极情绪。在家园沟通方面，他们经常会质疑保育人员的言行。

育儿纪实

菲菲妈妈的不安

某天晚上，菲菲很生气地说：“妈妈，今天唐唐故意把汤洒到了我的衣服上，他还不承认。”菲菲妈妈听了，赶紧给老师打电话询问真实情况。老师耐心地解释道：“唐唐取午餐时不小心将汤洒到了菲菲的衣服上，唐唐立刻向菲菲道歉了，我也及时给菲菲的衣服做了清洁处理。”

然而，菲菲妈妈还是很不安，她认为既然菲菲这么生气，那么真实情况肯定不是这样的。老师十分理解菲菲妈妈的心情，更加耐心地向她解释，但是菲菲妈妈一直不相信老师的解释。

分析：菲菲受主观情绪的影响，将唐唐的无意行为描述成故意行为，与真实情况不相符。敏感多疑的菲菲妈妈不能理性、客观地看待这件事，她对老师反馈的客观事实产生了怀疑，甚至对老师产生了不信任感，最终导致双方沟通不畅。

（二）具体沟通策略

1. 善于观察，主动询问

敏感多疑型家长通常很难与保育人员建立起信任关系。因此，保育人员在与敏感多疑型家长沟通时，应善于观察家长在表情、言语等方面的异常，捕捉家长的情绪变化，并主动询问情况，让家长感受到保育人员的关心，增强对保育人员的信任感。

2. 采取措施，化解矛盾

对于婴幼儿遭遇的任何意外事件，敏感多疑型家长都会放大事情的影响范围或高估其严重性。因此，保育人员应及时、果断地采取措施，澄清事实，化解矛盾。

保育人员在与敏感多疑型家长沟通时，应保持真诚的态度，做到不隐瞒、不回避，用事实与相关证据陈述事情经过，向家长表达自己的真实想法，并引导家长用积极、乐观的态度看待事情，努力平复家长的情绪，消除家长的疑虑。

3. 重视客观事实，勿做主观评价

保育人员在与敏感多疑型家长沟通时，应重视客观事实，对任何事情勿做主观臆断和评价。具体而言，保育人员应客观地向家长反映婴幼儿在托育机构的生活、学习、游戏等情况，切勿对婴幼儿的个性、家庭背景等做出主观评价，以免引起不必要的误会。

四、专制型家长的沟通策略

（一）专制型家长的特点

专制型家长的特点是严厉、固执、控制欲强。专制型家长比较重视自身在家庭中的权威地位，经常无视婴幼儿的意愿，要求婴幼儿严格遵守他们提出的一切要求。在婴幼儿教育方面，专制型家长希望保育人员能够按照他们的意愿教育婴幼儿；在家园沟通方面，他们往往表现得比较强势与固执，会要求保育人员接受他们提出的意见。

（二）具体沟通策略

1．沉着冷静，自信从容

在面对专制型家长提出的不合理要求时，保育人员应保持情绪稳定，先冷静地思考与分析家长的实际需求与困惑，然后坦诚地与家长进行沟通，并提出合理、有效的建议，从而与家长合力解决婴幼儿成长过程中出现的问题。

2．学会赞赏，促进沟通

保育人员应学会赞赏专制型家长：先肯定家长以高标准、严要求管教婴幼儿的做法，然后在合适的时机适当地指出家长存在的错误做法。当专制型家长获得肯定和赞赏时，他们的内心会获得满足感，从而不会对保育人员提出的建议产生强烈的抵触情绪，会比较容易接受接下来的沟通内容。

3．抓住重点，适当举例

专制型家长对婴幼儿的教养缺乏弹性，他们往往不太关注婴幼儿的内心感受。因此，保育人员在与专制型家长沟通时，应将沟通重点放在关注婴幼儿内心感受方面。

保育人员可以通过列举具体案例，帮助专制型家长明白婴幼儿的健康成长需要以自信、积极、自主的心理状态为基础，以良好的亲子关系为保障。保育人员还可以提出一些合理的教养建议，让家长慎重思考后再进行选择。

育儿引航

树立良好的师德师风

教师是知识的化身、智慧的灵泉、道德的典范、人格的楷模。树立良好的师德师风，是广大教师成为学生健康成长的引路人的需要。教师应带头弘扬社会主义道德与中华传统美德，自觉坚守精神家园、坚守人格底线，以自己的模范行为影响和带动学生，做学生锤炼品格、学习知识、创新思维、奉献祖国的引路人。

育人者必先育己，身不修则德不立。教师的职业道德水平决定着人才培养质量，教师在世界观、人生观、价值观方面的任何偏颇，都会影响学生正确世界观、人生观、价值观的形成。因此，广大教师应全面提升思想政治素养，以德立身、以德立学、以德施教、以德育德；为人师表，知其所止，坚决杜绝师德失范现象，培养高尚师德，树立良好师风，营造风清气正的育人环境。

广大教师必须爱党爱国，坚定信念，锻造师德之魂；涵养人格，砥砺品格，深扎师德之根；专心治学，厚积薄发，筑牢师德之基；恪尽职守，仁而爱人，疏浚师德之源。

（资料来源：光明网，有改动）

学以致用

综合测试

一 不定项选择题

1. 婴幼儿家园沟通的原则包括（　　）。

A. 平等性原则　　B. 差异性原则

C. 及时性原则　　D. 长期性原则

2. 影响婴幼儿家园沟通的因素不包括（　　）。

A. 个人的知识背景　　B. 符号语义因素

C. 社会环境因素　　D. 沟通渠道因素

3. 保育人员在倾听家长讲话时，需要关注的内容包括（　　）。

A. 主要观点　　B. 言外之意

C. 真实想法　　D. 肢体语言

4. 保育人员在与溺爱型家长沟通时，可以采取的策略包括（　　）。

A. 不隐瞒事实　　B. 学会换位思考

C. 不回避问题　　D. 及时澄清事实

5. 语言表达技巧包括（　　）。

A. 称呼得体　　B. 注意场合与分寸

C. 注意语音语调　　D. 学会微笑

二 判断题

1. 家长与保育人员对婴幼儿的成长起教育、引导和示范作用。（　　）

2. 保育人员应耐心地倾听家长讲话，在理解家长的想法后，就可以随意打断家长的讲话。（　　）

3. 保育人员应当根据每位家长的具体情况，采用不同的沟通策略。（　　）

4. 敏感多疑型家长的特点是不主动、不关心、不参与。（　　）

5. 专制型家长表现得强势与固执，会要求保育人员接受他们提出的意见。（　　）

三 简答题

1. 保育人员需要掌握哪些沟通技巧？
2. 面对放任型家长时，保育人员可以采用哪些沟通策略？

四 实践题

全班学生以小组为单位并按照以下步骤完成本次“家园沟通”情景模拟活动。

〔实践分组〕

全班学生以 6 人为一组进行分组，各组选出组长并进行任务分工，然后将小组成员及分工情况填入表 3-2 中。

表 3-2 小组成员及分工情况

班级		组号		指导教师	
小组成员	姓名	学号	任务分工		
组长					
组员					

〔实践步骤〕

（1）2 位小组成员负责描述溺爱型家长、放任型家长、敏感多疑型家长和专制型家长这 4 种类型家长的性格特点与沟通风格，并将内容填写到表 3-3 中。

表 3-3 4 种类型家长的性格特点与沟通风格

家长类型	性格特点	沟通风格
溺爱型家长		
放任型家长		
敏感多疑型家长		
专制型家长		

（2）2 位小组成员负责根据 4 种类型家长的性格特点与沟通风格，编写 4 个家园沟通中的冲突事件，并将内容填写到表 3-4 中。

表 3-4 家园沟通冲突事件记录表

家长类型	冲突事件
溺爱型家长	
放任型家长	
敏感多疑型家长	
专制型家长	

（3）1 位小组成员负责总结 4 种类型家长的沟通问题，1 位小组成员负责针对 4 种类型的家长设计不同的沟通策略，并将内容填写到表 3-5 中。

表 3-5 沟通问题与沟通策略记录表

家长类型	沟通问题	沟通策略
溺爱型家长		
放任型家长		
敏感多疑型家长		
专制型家长		

（4）根据上述步骤中制作完成的记录表，编写脚本，分配角色，进行情景模拟。由 4 位小组成员分别扮演溺爱型家长、放任型家长、敏感多疑型家长和专制型家长，1 位小组成员扮演保育人员，共同演绎家园沟通中的冲突事件。1 位小组成员负责对情景模拟过程进行录像，并进行视频剪辑。

〔实践反思〕

将实践活动过程中遇到的问题、解决措施、心得感悟等记录到反思记录表表 3-6 中。

表 3-6　反思记录表

问题记录	解决措施	心得感悟

〔实践成果〕

将小组制作的各种记录表以 PPT 的形式在班级内展示，并展示情景模拟视频，各组派 1 名代表进行总结陈述。

本讲主要介绍了婴幼儿家园沟通的具体策略。通过学习本讲内容，学生应能够分析影响婴幼儿家园沟通的因素，掌握婴幼儿家园沟通的技巧，并针对不同类型的家长灵活运用不同的沟通策略。

教师可以从基本知识、实践技能、综合素质、活动成果等方面对学生进行评价，请各位同学配合指导教师共同完成学习评价表（见表 3-7）。

表 3-7　学习评价表

<table>
<tr><td>班级</td><td></td><td>姓名</td><td colspan="2"></td><td>学号</td><td colspan="2"></td></tr>
<tr><td>组号</td><td></td><td>指导教师</td><td colspan="2"></td><td>日期</td><td colspan="2"></td></tr>
<tr><td rowspan="2">评价维度</td><td colspan="3" rowspan="2">评价标准</td><td rowspan="2">分值</td><td colspan="3">评分</td></tr>
<tr><td>自评</td><td>互评</td><td>师评</td></tr>
<tr><td rowspan="2">基本知识
（20 分）</td><td colspan="3">能够用自己的话概括婴幼儿家园沟通的基本知识，并能答对相关习题</td><td>10</td><td></td><td></td><td></td></tr>
<tr><td colspan="3">能够用简洁的话介绍沟通策略，并能答对相关习题</td><td>10</td><td></td><td></td><td></td></tr>
<tr><td rowspan="2">实践技能
（30 分）</td><td colspan="3">能够灵活运用各种沟通技巧</td><td>15</td><td></td><td></td><td></td></tr>
<tr><td colspan="3">能够针对不同类型的家长，采取不同的沟通策略</td><td>15</td><td></td><td></td><td></td></tr>
</table>

续表

评价维度	评价标准	分值	评分		
			自评	互评	师评
综合素质（20 分）	具备良好的沟通能力与应变能力	5			
	具备团队合作精神，与小组成员配合默契	5			
	能够换位思考，理解他人	5			
	积极参与活动，态度端正	5			
活动成果（30 分）	情景模拟生动形象、真实流畅	8			
	视频剪辑镜头连贯、内容详尽	7			
	PPT 制作精美，内容详细、完整	8			
	陈述口齿清晰、仪态大方	7			
合计		100			
总评	自评（30%）+互评（30%）+师评（40%）=				
教师评语		教师（签名）：			

第四讲

0～12 月龄婴儿的家园共育策略

学习目标

知识目标

- 熟悉 0～12 月龄婴儿家园共育的重点内容。
- 掌握 0～12 月龄婴儿家园共育的具体策略。

技能目标

- 能够根据 0～12 月龄婴儿的发育情况给予合适的指导。
- 能够有效运用 0～12 月龄婴儿的家园共育策略。

素质目标

- 培养沟通能力和合作精神。
- 学以致用，提升解决问题的能力。

模块一 0～6 月龄婴儿的家园共育策略

某天早晨，乐乐妈妈把 6 月龄的乐乐送到了阳光托育园，周老师抱起乐乐后，与乐乐妈妈发生了以下对话。

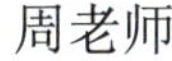

早上好呀，乐乐妈妈！乐乐好瘦呀！

乐乐妈妈

早上好，周老师。乐乐太瘦了，他的体检结果不合格，我很担心。

周老师

乐乐平时喝奶和吃辅食的情况怎么样啊？他的睡眠情况好吗？

乐乐妈妈

乐乐比较依赖母乳，辅食吃得少，晚上会多次醒来喝母乳，睡眠情况不太好，导致我也睡不好。

周老师

你想过调整一下喂养方式吗？

乐乐妈妈

我是全职妈妈，感觉母乳喂养对孩子最好，所以我一直坚持，尽力让乐乐多喝点母乳，没想过调整喂养方式。

典型任务

一、信息获取

1．描述乐乐的喂养方式。

2．描述乐乐妈妈在喂养乐乐的过程中存在的问题。

3．假如你是周老师，你会从哪几个方面对乐乐妈妈进行指导？

二、实践记录

家园共育记录表

婴儿姓名：　　　　性别：　　　　年龄：

家长：

指导人员：

指导时间：

指导内容：

指导难点：

问题记录：

思考与总结：

新手指导

一、0～6 月龄婴儿家园共育的重点内容

在 0～6 月龄阶段，婴儿的身体和大脑都在快速地生长发育，身高和体重会迅速增长，器官和神经系统也在不断发育，关节变得更加灵活。他们可以逐渐自由地活动手脚，并初步掌握了翻身、爬、坐、握等基本的运动技能。婴儿在这一阶段会对声音、触觉、视觉等方面的刺激做出反应，并产生与人交流的兴趣，也会通过模仿养育人员的表情和声音来学习语言和社交技能。在日常生活方面，婴儿在这一阶段还未养成规律的作息习惯，其在晚上往往会多次醒来进食或排泄。他们通常通过哭声来表达各种情绪和需求，如烦躁、需要安抚等。因此，0～6 月龄婴儿家园共育的重点内容如下。

（1）0～6 月龄婴儿的营养需求很大，而母乳能提供此阶段婴儿生长发育所需的营养。因此，在条件允许的情况下，养育人员应采取纯母乳喂养方式。

（2）0～6 月龄婴儿尚未掌握语言及其他沟通技能，只能通过哭声来表达自己的情绪和需求。因此，养育人员应关注婴儿的状态，当听到婴儿的哭声时，应积极回应。

（3）0～6 月龄婴儿的视听觉器官还在发育，无法区分白天和黑夜；其肌肉和骨骼发育不完善，他们无法保持正确的睡眠姿势。因此，养育人员应关注婴儿的睡眠环境和睡眠姿势。

（4）0～6 月龄婴儿的皮肤敏感、娇嫩，代谢迅速，且易因大小便、奶水和灰尘的刺激而出现不良反应。因此，养育人员应关注婴儿的皮肤状态，并做好生活照护措施。

二、0～6 月龄婴儿家园共育的具体策略

（一）选择科学的喂养方式

1. 纯母乳喂养

0～6 月龄婴儿母乳喂养中的常见问题及其处理方法

纯母乳喂养是指完全依靠母乳喂养，不添加其他任何食物的喂养方式。0～6 月龄婴儿对能量和营养素的需求高于婴幼儿其他时期，但其消化系统尚未发育成熟，对食物的消化吸收能力和对食物残渣的排泄能力较弱。母乳既能为婴儿提供优质、全面、充足的营养素，满足其生长发育的需要，又能完美适应其尚未发育成熟的消化系统，促进其器官发育和功能成熟，对婴儿的健康成长有着不可替代的作用。因此，对于 0～6 月龄婴儿，纯母乳喂养是最佳的喂养方式。

育儿锦囊

婴儿出生后的前 2 周是建立母乳喂养方式的关键时期，因此，产妇应尽早和婴儿进行皮肤接触，让婴儿反复吸吮乳头，促进乳汁的分泌。婴儿出生后的第一口食物应是母乳，养育人员不宜喂其水、糖水或奶粉等食物。婴儿出生后 3 天内，在其体重下降不超过 7%的情况下，产妇应积极开奶，坚持等待乳汁分泌。

1）哺乳前准备

母婴双方心情愉悦是成功实施母乳喂养的重要条件。实施母乳喂养前，母亲应先给婴儿换尿布并洗净自己的双手，然后让婴儿用鼻推压母亲的乳房，婴儿的气味、哭声及身体接触都可刺激乳房泌乳。

2）哺乳姿势

实施母乳喂养时，母亲可以采用不同的姿势，以母婴感觉舒适、心情愉悦、全身肌肉放松为原则。常见的哺乳姿势有以下几种。

（1）摇篮式哺乳姿势（见图 4-1）。摇篮式哺乳姿势是最简单、最常用的哺乳姿势之一，适用于早产儿或含乳有困难的婴儿。摇篮式哺乳姿势（以右侧乳房喂奶为例）的详解如下：① 母亲用右手臂支撑着婴儿的颈背部，右手掌托着婴儿的臀部，让婴儿横倚在腹部，面朝右侧乳房，头枕在母亲右侧臂弯上；② 母亲的左手拇指和其余四指张开，呈“C”字状，托住右侧乳房，让婴儿的嘴准确地含住乳头。

（2）交叉式哺乳姿势（见图 4-2）。交叉式哺乳姿势适用于刚出生几天的新生儿或早产儿。采用交叉式哺乳姿势时，母亲可以很方便地观察婴儿吃奶的情况。交叉式哺乳姿势（以左侧乳房喂奶为例）的详解如下：① 母亲的右手手腕放在婴儿两肩胛之间，右手拇

指和其余四指张开，分别贴放在婴儿头部两侧的耳后，使婴儿面朝左侧乳房；② 母亲的左手拇指和其余四指张开，呈“C”字状，贴于左侧乳房的外侧，让婴儿的嘴准确地含住乳头。

图 4-1　摇篮式哺乳姿势

图 4-2　交叉式哺乳姿势

（3）侧卧式哺乳姿势（见图 4-3）。侧卧式哺乳姿势主要适用于剖宫产、侧切、会阴撕裂或痔疮疼痛的母亲，可以避免压迫伤口，减轻母亲的疼痛感。侧卧式哺乳姿势（以左侧乳房喂奶为例）的详解如下：① 母亲侧卧在床上，可用枕头垫高上半身；② 婴儿侧躺在母亲身旁，并且婴儿的头枕在母亲左侧臂弯上；③ 母亲的右手扶住婴儿的臀部，使婴儿的嘴准确地含住乳头。需要注意的是，夜间哺乳时，母亲应尽量避免使用侧卧式哺乳姿势，以免在较暗的环境下压到婴儿，引起婴儿窒息。

（4）橄榄球式哺乳姿势（见图 4-4）。橄榄球式哺乳姿势适用于剖宫产、乳头扁平或凹陷、乳房较大及生育双胞胎的母亲。橄榄球式哺乳姿势（以右侧乳房喂奶为例）的详解如下：① 母亲坐在坐垫较宽的椅子或沙发上，将婴儿抱在身体右侧，胳膊肘弯曲，手掌伸开，使其头部靠近右侧的乳房；② 母亲用右手托住婴儿的颈部和头部，左手托着乳房，使婴儿面朝右侧乳房，嘴准确地含住乳头。

图 4-3　侧卧式哺乳姿势

图 4-4　橄榄球式哺乳姿势

育儿互动

哺乳姿势会影响母乳喂养的效果吗？

3）含乳姿势

哺乳时，母亲用食指、中指轻轻夹在乳晕两旁，将乳头和大部分乳晕送入婴儿嘴中。采用正确的含乳姿势（见图4-5）时，婴儿有以下表现：第一，婴儿的嘴巴张大，将乳头及大部分乳晕含在嘴中；第二，婴儿的下唇向外翻，嘴上方的乳晕比下方的多；第三，婴儿的舌头从下向上裹住乳头和乳晕，吸吮时舌头由前向后运动，舌头与硬腭挤压并拉长乳头，将乳汁挤出；第四，婴儿有吞咽的动作和声音。

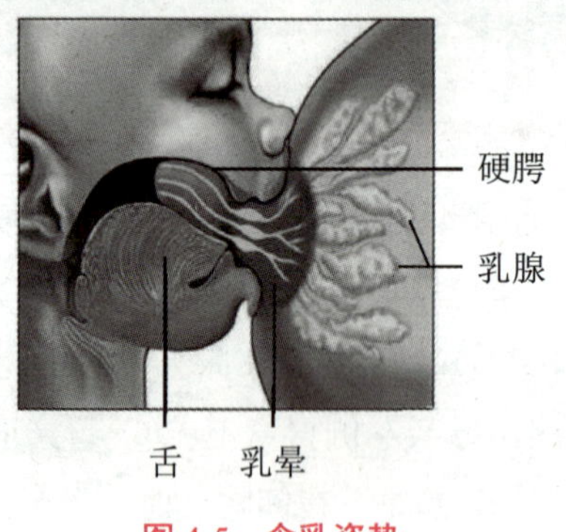

图4-5　含乳姿势

育儿攻略

在母乳喂养的过程中，婴儿刚开始吸入的乳汁叫前奶，后吸入的乳汁叫后奶。前奶比较稀薄、清淡，主要为婴儿提供丰富的蛋白质、乳糖和水分；后奶脂肪含量高，主要为婴儿提供能量。因此，母亲每次哺乳时要让婴儿先吸空一侧乳房，再吸另一侧，这样婴儿才能获得全面的营养。

4）哺乳时长与频次

对于0～6月龄婴儿，母亲在母乳喂养前期应采用按需喂养模式。当婴儿有饥饿表现时，母亲应及时哺乳，一般每天哺乳8～12次，每次哺乳时长因人而异，通常为10～45分钟不等。随着婴儿胃肠道功能不断成熟，母亲在母乳喂养后期应增加单次哺乳量，延长哺乳间隔，逐渐从按需喂养模式向规律喂养模式转变，一般每3～4小时哺乳1次。

需要注意的是，如果哺乳时长过短（少于10分钟），或哺乳后1小时内婴儿又有饥饿表现，或每次哺乳时长超过40分钟且哺乳后婴儿仍不能安然入睡，则说明母乳喂养过程可能存在异常情况，如婴儿含乳姿势异常、母乳不足等。在这种情况下，养育人员应及时咨询医生。

5）拍嗝

对于吃奶速度较快、含乳不当、容易肠绞痛的婴儿，喂奶后的拍嗝是很有必要的。拍嗝方法一般有以下几种。

（1）直立式拍嗝（见图 4-6）。养育人员在肩膀上放一条口水巾，然后竖直抱起婴儿，把婴儿的头放在养育人员的肩膀上，以空心掌由下向上、有节奏地轻拍婴儿的背部。

（2）端坐式拍嗝（见图 4-7）。养育人员在右臂上放一条口水巾，让婴儿坐在养育人员的腿上，用前手臂支撑婴儿的前胸，然后用另一只手以空心掌由下向上、有节奏地轻拍婴儿的背部。

（3）侧趴式拍嗝（见图 4-8）。养育人员在腿上放一条口水巾，让婴儿趴在养育人员的大腿上，然后以空心掌有节奏地轻拍婴儿的背部。

图 4-6　直立式拍嗝

图 4-7　端坐式拍嗝

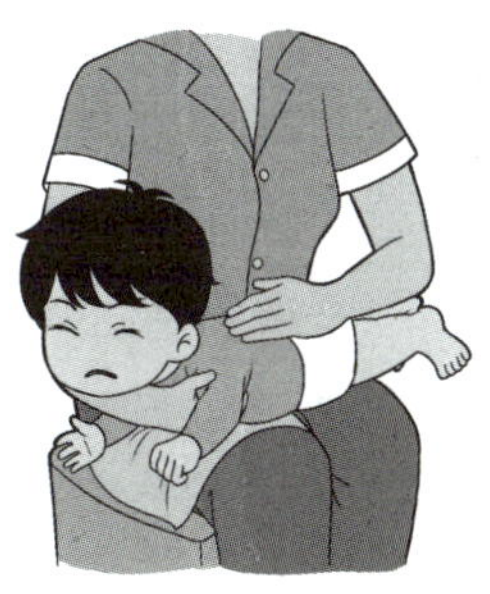

图 4-8　侧趴式拍嗝

2. 混合喂养

混合喂养也称“部分母乳喂养”，是指在母乳喂养的基础上为婴儿添加配方奶粉的喂养方式，一般包括补授法和代授法两种。补授法适用于婴儿未满 6 月龄，因母乳不足，需要补充配方奶粉的情况。代授法适用于婴儿满 6 月龄以后，母亲无法继续实行母乳喂养或母乳不能满足婴儿正常生长发育需求的情况。

需要注意的是，混合喂养可能影响婴儿对母乳的偏好，因此，养育人员需要谨慎选择，并注意控制添加配方奶粉的量及频次。

（二）进行适宜的睡眠照料

1. 选择合适的睡眠姿势

睡眠姿势主要有仰卧、侧卧和俯卧三种。一般情况下，不建议让 0～6 月龄婴儿采用俯卧睡姿。因为 0～6 月龄婴儿的肢体功能尚未发育完善，俯卧睡姿容易影响其呼吸，甚至可能导致窒息。

0～6 月龄婴儿睡觉时最好采用侧卧与仰卧交替进行的睡姿，即左侧卧、右侧卧与仰卧交替进行。婴儿如果长期保持同一种睡眠姿势，头部很容易变形，如图 4-9 所示。

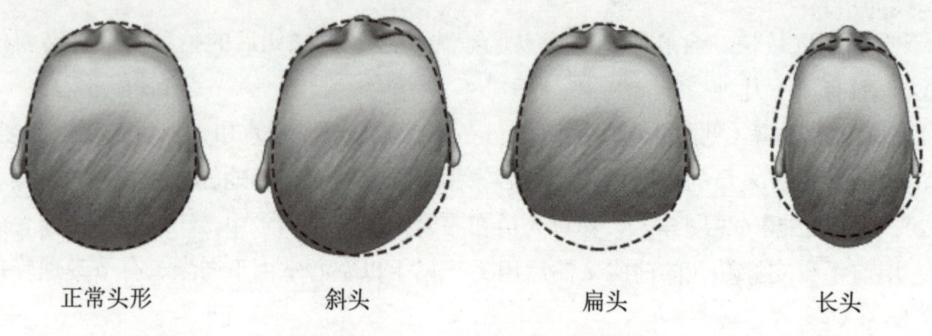

图 4-9　0～6 月龄婴儿的头形

2. 营造舒适的睡眠环境

要想让婴儿睡得好，养育人员应为婴儿营造干净、温馨、宁静、舒适的睡眠环境。具体来说，养育人员需要注意以下几点。

（1）卧室的装饰应简洁，颜色不要太鲜艳，灯光不宜过强。

（2）选择坚固平稳、符合安全标准的儿童床，保证床垫软硬适中、结实平坦，以促进婴儿脊柱的正常发育。

（3）定期清洁婴儿房和床上用品，保持环境卫生。

（4）室内温度控制在 18～24℃，同时注意开窗通风，保证室内空气清新。

（5）尽量保持卧室内环境安静，避免噪声干扰。

（6）做到母婴同室，但尽量避免母婴同床。

（三）给予科学的卫生护理

卫生护理的内容很多，其中更换纸尿裤和清洁身体是两项重要的清洁护理工作。

1. 及时更换纸尿裤

0～6 月龄婴儿不能有效控制大小便。因此，合理地使用一次性纸尿裤非常重要。一般来说，婴儿早晨醒来、睡觉前、洗澡后、喂食后容易排泄粪便，养育人员要及时更换纸尿裤。更换纸尿裤时，养育人员应注意以下几点。

（1）养成良好的卫生习惯，更换纸尿裤前后都要清洗双手。

（2）用事先准备好的玩具等来分散婴儿的注意力，并通过目光、语言和动作与婴儿进行交流。

（3）将婴儿小腿轻轻向上提起，用卫生纸轻轻地擦拭婴儿臀部，再用湿的棉布或无香味、无酒精成分的湿巾清洁婴儿臀部，最后用干毛巾或纸巾擦干，换上一次性纸尿裤。

2. 注意清洁身体

0～6 月龄婴儿的免疫系统功能较弱，非常容易受到细菌和病毒的侵袭，因此需要定期沐浴。这样既可以保持卫生，又可以利用水温和水的拍打对婴儿的身体进行刺激，进而达到按摩的目的。沐浴时，养育人员应注意以下几点。

（1）保证室温为 24～28℃，准备好浴盆、浴巾、毛巾、婴儿沐浴露、植物精油等洗澡用品。

（2）将水温调至 35～40℃，以避免水温过热或过冷造成婴儿身体不适。

（3）托住婴儿的头部和颈部，以保护其颈椎。用温水轻轻擦拭婴儿的身体，身体各个部位都应该清洁到位，尤其是腋下、耳后、手指及脚趾之间这些隐蔽部位。

（4）婴儿头部的囟门（新生儿颅骨结合不紧所形成的颅骨间隙）处易形成鳞状污垢或痂皮，不易清洁。养育人员可以在囟门处涂上具有消毒作用的植物精油，于 24 小时后用婴儿专用肥皂和温热水洗净，注意不可强行剥落痂皮。

（5）沐浴时间不宜过久，最好控制在 10 分钟左右。

（四）关注婴儿的实际需要

0～6 月龄婴儿最主要的表达方式是哭泣，如果能够得到养育人员（尤其是母亲）的关注，那么他们会觉得自己很重要，从而得到情绪上的安抚。养育人员应了解婴儿哭声的原因与特征，主动识别并满足婴儿的实际需要。0～6 月龄婴儿常见的哭泣原因如下。

（1）饥饿：饥饿是婴儿哭泣的最主要原因之一。当婴儿饥饿时，其哭声通常不急不缓，很有节奏，同时嘴巴会做出吸吮的动作，头部可能会左右转动。如果婴儿不能立刻得到喂食，其哭声会越来越洪亮。

（2）犯困：婴儿犯困时，会一边哭一边打哈欠，同时双手不停地揉搓鼻子和眼睛。

（3）臀部不适：婴儿感到臀部不适（需要换纸尿裤或清洗臀部）时，会轻微哭泣，通常不会流泪，但会伴有双眉紧锁、身体扭动、双腿蹬被等动作。

（4）需要安抚：当婴儿需要安抚时，其哭声断断续续，同时可能伴有四肢伸展、手掌张开或膝盖拱起的动作，就算在饱食、睡眠充足的状态下其也会持续哭泣。在这种情况下，养育人员应耐心地安抚婴儿。

需要注意的是，每个婴儿都是独一无二的，他们的哭声和需要各不相同，养育人员应根据多方面的因素来判断婴儿的需要，并为其提供相应的帮助。

模块二 7～12 月龄婴儿的家园共育策略

应用场景

某天，在阳光托育园中，郑老师收到一个饭盒，里面装的是悦悦爸爸给悦悦准备的粥。于是，郑老师与悦悦爸爸发生了以下对话。

郑老师

下午好呀，悦悦爸爸！悦悦还不满 8 月龄，就开始喝粥了吗？

悦悦爸爸

下午好，郑老师。书上说粥的营养丰富，我就煮点给她喝。

郑老师

那悦悦每天都喝粥吗？平时会喝水和奶粉吗？

悦悦爸爸

我每天都会熬不同的粥给她喝，既能补充营养，又能补充水分。悦悦在家时喜欢喝粥，不喜欢喝奶粉。

郑老师

但是书上的知识并不是“金科玉律”，只喝粥无法满足悦悦现阶段的营养需求。

悦悦爸爸

我说悦悦最近怎么变瘦了，看来书本知识不能全信。

典型任务

一、信息获取

1．描述悦悦爸爸的喂养方式。

2．描述悦悦爸爸在喂养悦悦的过程中存在的问题。

3．假如你是郑老师，你会从哪几个方面对悦悦爸爸进行指导？

二、实践记录

家园共育记录表

婴儿姓名：　　　　　　性别：　　　　　　年龄：

家长：

指导人员：

指导时间：

指导内容：

指导难点：

问题记录：

思考与总结：

新手指导

一、7～12 月龄婴儿家园共育的重点内容

7～12 月龄婴儿的发育速度非常快，其身高和体重开始有规律地增长。在这一阶段，婴儿的手脚协调能力逐渐提高，他们掌握了更多的本领，如站立、扶走、敲击、捏放等基本的动作技能。由于好奇心增强，婴儿开始变得非常好动，喜欢用手抓取物品、拍打物体等，并开始尝试独立行动。同时，他们开始尝试用简单的词汇、手势等来表达需求。因此，7～12 月龄婴儿家园共育的重点内容如下。

（1）7～12 月龄婴儿的消化能力明显增强，其有了咀嚼和吞咽能力，需要更丰富的营养。纯母乳喂养已经无法完全满足其生长发育的营养需求，因此，养育人员应在母乳喂养的同时，适当添加其他营养丰富的辅食。

（2）7～12 月龄婴儿的作息通常会从日夜颠倒变为规律的作息，即夜间可以睡得更久，白天玩的时间更长。养育人员应帮助婴儿保持规律作息，提高睡眠质量。

（3）7～12 月龄婴儿开始对周围环境充满好奇，并尝试通过用手触摸、拍打、扔掉物品等方式来了解世界。在这种情况下，婴儿可能面临一些危险，如触摸危险物品、撞到尖

锐物体等。因此，养育人员应提供安全的居家环境，并随时照护婴儿。

（4）7～12 月龄婴儿开始模仿成人说话和学习简单的词汇，如“妈妈”“爸爸”等。因此，养育人员应通过与婴儿交流，帮助他们提高语言能力。

二、7～12 月龄婴儿家园共育的具体策略

（一）添加营养丰富的辅食

7～12 月龄婴儿较之前有了两大变化，一是开始具有消化泥状食物的能力，二是胎儿期从母体吸收的某些微量元素（如铁、锌等）消耗殆尽。对于 7～12 月龄婴儿，单一的母乳喂养已不能完全满足其对能量及营养素的需求。随着 7～12 月龄婴儿胃肠等消化器官的发育、感知觉和认知行为能力的发展，他们需要尝试多样化的食物，因此养育人员应适时为其添加辅食。

添加辅食是一个循序渐进的过程。婴儿刚开始拒绝新食物是正常的，这是其具有的适应性保护功能的体现。养育人员应在婴儿感觉舒适、心情愉悦时，为其提供丰富的食物，并鼓励其探索食物的味道和口感，帮助婴儿养成健康的饮食习惯。

在添加辅食的过程中，养育人员需要注意以下几点。

（1）辅食量应由少到多。刚开始添加的辅食量仅为 1 勺，随后逐渐增多，注意观察婴儿的反应，避免婴儿出现消化不良或过敏等问题。一般来说，6～8 月龄婴儿每日可添加 2 次辅食，从每次 10～20 毫升（约 1～2 勺）逐渐增加到 125 毫升（约 1/2 碗）；9～12 月龄婴儿每日可添加 3～5 次辅食，每次 180 毫升（约 3/4 碗）。

（2）辅食质地应由稀到稠。刚开始添加辅食时，养育人员应将食物制成汁状或泥状，以便婴儿消化吸收；然后逐步制作质地粗硬一点的末状或碎状食物，以增强婴儿的咀嚼能力。

（3）辅食种类应由单一到多样。一般来说，养育人员为婴儿添加辅食时，应首选易吸收、不易导致过敏的谷物类食物，如婴儿米粉；然后逐步添加其他食物，如菜泥、果泥、肉泥、肝泥及蛋黄等，这里参考中国营养学会推荐的 7～24 月龄婴幼儿平衡膳食宝塔，列出了 7～12 月龄婴儿每日膳食结构（见图 4-10）。养育人员每添加一种食物，应给予婴儿 3 天的适应期，待其完全适应后再添加另一种食物，最终由食用一种食物发展到混合食用多种食物。需要注意的是，引入新食物后，若婴儿出现皮疹、腹泻或呕吐等不适症状，应暂停添加辅食，待症状好转后再尝试少量喂食。若婴儿出现严重过敏，则应及时就医。

盐	不建议额外添加
油	0～10 克
蛋类	15～50 克
（至少 1 个鸡蛋黄）	
畜禽肉鱼类	25～75 克
蔬菜类	15～50 克
水果类	15～50 克
母乳	700～500 毫升
谷类	20～75 克

图 4-10　7～12 月龄婴儿每日膳食结构

7～12 月龄婴儿一日食谱推荐

（4）不管是自制的辅食，还是购买的辅食，都应符合国家卫生标准和规定，包括《食品安全国家标准 婴幼儿谷类辅助食品》（GB 10769-2010）、《食品安全国家标准 婴幼儿罐装辅助食品》（GB 10770-2010）、《食品安全国家标准 辅食营养补充品》（GB 22570-2014）。自制辅食时，养育人员应选用新鲜食材，并对食材进行彻底清洗，避免不洁食材影响婴儿的健康。

育儿引航

婴幼儿配方食品标准的新变化

2021 年 3 月 18 日，国家卫生健康委、市场监管总局联合印发 2021 年第三号公告，修订了《食品安全国家标准 婴儿配方食品》（GB 10765-2021）、《食品安全国家标准 较大婴儿配方食品》（GB 10766-2021）、《食品安全国家标准 幼儿配方食品》（GB 10767-2021）三项营养与特膳食品标准（以下统称“新标准”）。

新标准明确了不同年龄段婴幼儿配方食品对应的标准，充分保证了婴幼儿配方食品的科学性，使消费者和生产企业能够清楚地知道婴幼儿每个阶段的营养需要。婴儿配方食品指所含能量和营养成分满足 0～6 月龄婴儿正常营养需要的配方食品；较大婴儿配方食品指所含能量和营养成分能满足 7～12 月龄较大婴儿部分营养需要的配方食品；幼儿配方食品指以乳类及乳蛋白制品和（或）大豆及大豆蛋白制品为主要蛋白来源，加入适量的维生素、矿物质和（或）其他原料，仅用物理方法生产加工制成的产品。

新标准对蛋白质、脂肪和碳水化合物指标，维生素指标，矿物质指标及可选择成分指标的最大值和最小值都进行了修订，主要有以下变化：① 因为胆碱是促进婴幼儿大脑发育和提高记忆力的重要成分，所以胆碱从可选择成分变成了必需成分，且指标限量值相对于旧标准明显提高；② 婴儿配方食品标准针对铁、锌和磷分别在豆基和乳基中的含量提出了明确要求，保证了不同基质婴儿配方食品的营养价值；③ 较大婴儿配方食品中的锰和硒从可选择成分变成了必需成分，并对指标限量值进行了调整；④ 较大婴幼儿配方食品标准中增加了乳清蛋白和乳糖比例要求。

（资料来源：中国质量新闻网，有改动）

育儿纪实

馋嘴的园园

园园刚满 10 月龄，是一个胖嘟嘟的小男孩，他每次看到大人吃饭都会流口水，还伸手去抓食物。爷爷看到后就用筷子蘸一点菜卤汁或挑一点饭粒塞进园园的嘴巴里，说："来，尝尝味道。"园园妈妈看到后立即制止，说："宝宝 1 岁前不能吃这些。""有什么关系啊！不就是碰碰嘴巴嘛。"爷爷不以为然。

分析：第一，不满 1 岁的婴儿不应吃盐，因为天然食物中所含的钠已经能够满足婴儿的需求，额外摄入盐会增加其肝肾代谢的负担。第二，婴儿的味蕾非常敏感，即使不放调味品，他们也能尝出不同食物的味道。成人的饭菜中除了盐还有各种调味品，会给婴儿的味蕾带来巨大的刺激，使婴儿偏好"重口味"，从而拒绝清淡食物。因此，在婴儿 1 岁之前，不应在其食物中添加盐、糖等调味品，也不应把成人的食物喂给婴儿。

（资料来源：中国母婴网，有改动）

（二）提供贴心的睡前安抚

良好的睡眠质量对于 7～12 月龄婴儿的生长发育非常重要。在睡前提供贴心的安抚，可以帮助婴儿放松情绪，有利于提高其睡眠质量。以下是一些适用于 7～12 月龄婴儿的睡前安抚措施。

（1）按摩：在睡前给婴儿进行简单的按摩，可以有效地促使婴儿入睡。

（2）洗澡：用温水洗浴，浴后涂上润肤乳，可以帮助婴儿放松。

（3）播放音乐或讲故事：播放柔和的音乐或阅读童话故事，使婴儿平静下来并入睡。

（4）安抚奶嘴：安抚奶嘴可以帮助婴儿放松并入睡。

（5）给予拥抱：适时给予婴儿拥抱和其喜欢的物品，使婴儿感到安全和放松。

需要注意的是，每个婴儿都是独一无二的，养育人员应该根据婴儿的需要来选择合适的安抚方式。

育儿互动

除了常见的一些睡前安抚措施，你还知道哪些提高婴儿睡眠质量的措施？请举例说明。

（三）创设安全的环境

7～12 月龄婴儿正处于积极探索周围环境的阶段，他们充满好奇心，但缺乏安全意识和判断能力。为确保婴儿的安全，养育人员应注意以下几点。

（1）在家居环境中设置不同功能的区域，如玩具区、游戏区、休息区等，便于婴儿活动。

（2）在楼梯口处安装防护栏，防止婴儿爬上或滑下楼梯。

（3）安装窗户防护网，确保家具和设备安装牢固。

（4）锁好所有易于开启的柜子和抽屉，以防婴儿钻进去。

（5）将所有尖锐、硬质、易碎的物品放置在安全区域，如高处、抽屉内或橱柜中。

（6）使用安全插座，并安装儿童电源保护套。

（7）时刻留意婴儿的举动，并为其提供安全照护。

（四）积极开展日常互动

婴儿的日常生活环节可以作为引发其情绪情感、促进其语言发展的重要切入点。通过日常生活环节中的互动，婴儿会更加积极地关注并回应养育人员。养育人员可以从以下几方面入手。

（1）利用肢体接触、微笑、眼神交流等方式吸引婴儿的注意力，引导婴儿进行简单的互动。例如，养育人员可以轻轻地戳婴儿的脚趾并做出惊喜的表情，以鼓励婴儿进行互动。

（2）每天展示生活环境中的实物，并进行语言介绍，逐渐帮助婴儿建立对常见物品名称的记忆。例如，当婴儿拿到一只球时，养育人员可以说“这是一只球”，并向婴儿展示球的形状和特征，增强其感知体验。

（3）利用洗澡环节教婴儿认识身体的不同部位。例如，养育人员可以用手指轻轻地点按婴儿身体的不同部位，并说出对应的名称，如头、肩膀、手、脚等，然后让婴儿跟着做。

（4）与婴儿玩游戏增进亲子之间的沟通和交流。例如，玩“躲猫猫”游戏，养育人员先躲起来，然后突然出现，配以夸张的面部表情、“喵呜”等有趣的象声词或“找到你啦”等简单的语言。在游戏过程中，婴儿会模仿养育人员，还会以肢体动作来回应。

学以致用

一 不定项选择题

1. 如果婴儿的哭声较小，没有流泪，但伴有双眉紧锁、身体扭动或双腿蹬被等动作，那么他们可能需要（　　）。

A. 安抚　　B. 哺乳或喂食

C. 换纸尿裤或清洗臀部　　D. 睡觉休息

2. 实施母乳喂养时，母亲可以采用不同的姿势，以母婴感觉舒适、心情愉悦、全身肌肉放松为原则。常见的哺乳姿势有（　　）。

A. 橄榄球式哺乳姿势　　B. 交叉式哺乳姿势

C. 摇篮式哺乳姿势　　D. 侧卧式哺乳姿势

3. 一般情况下，不建议让 0～6 月龄婴儿采用（　　）睡姿。

A. 俯卧　　B. 仰卧　　C. 侧卧　　D. 平卧

4. 在添加辅食的过程中，6～8 月龄婴儿每日可添加（　　）次辅食，9～12 月龄婴儿每日可添加（　　）次辅食。

A. 1，3～5　　B. 2，3～5

C. 2，4～6　　D. 1，2～4

5. 为确保 7～12 月龄婴儿的安全，养育人员应注意（　　）。

A. 锁好所有易于开启的柜子和抽屉，以防婴儿钻进去

B. 将所有尖锐、硬质、易碎的物品放置在安全区域

C. 一定要把窗户关紧，不需要额外安装防护网

D. 使用安全插座，并安装儿童电源保护套

二 判断题

1. 0～6 月龄婴儿对食物的消化吸收能力和对食物残渣的排泄能力较强。（　　）

2. 对于 7～12 月龄婴儿，单一的母乳喂养已不能完全满足其对能量及营养素的需求。（　　）

3. 要想让婴儿睡得好，养育人员应为婴儿营造干净、温馨、宁静、舒适的睡眠环境。（　）

4. 代授法适用于婴儿未满 6 月龄，因母乳不足，需要补充配方奶粉的情况。（　）

5. 只要保证环境安全，婴儿就一定不会有危险。（　）

三 简答题

1. 对于 0～6 月龄婴儿来说，为什么纯母乳喂养是最佳的喂养方式？

2. 在添加辅食的过程中，养育人员应注意哪些问题？

四 实践题

全班学生以小组为单位，按照以下步骤完成本次“设计一份婴儿辅食食谱”的实践任务。

（1）4～6 人为一组，选出组长并进行组内分工。

（2）查找中华人民共和国国家卫生健康委员会发布的《婴幼儿辅食添加营养指南》及相关案例资料，整理并记录相关资料。

（3）分别为 6～8 月龄婴儿、9～12 月龄婴儿设计一份辅食食谱，标注注意事项，并填写到表 4-1 中。

表 4-1　食谱设计表

月龄	食谱内容	注意事项
6～8 月龄婴儿		
9～12 月龄婴儿		

（4）小组组长以 PPT 的形式在班级内展示辅食食谱，并进行解说。

学习评价

本讲主要介绍了 0～12 月龄婴儿家园共育的重点内容和具体策略。通过学习本讲内容，学生应能够对婴儿的发育情况进行分析，进而灵活运用家园共育策略。

教师可以从基本知识、实践技能、综合素质、活动成果等方面对学生进行评价，请各位同学配合指导教师共同完成学习评价表（见表 4-2）。

表 4-2　学习评价表

班级		姓名		学号		
组号		指导教师		日期		
评价维度	评价标准		分值	评分		
				自评	互评	师评
基本知识（20 分）	掌握婴儿的身心发展规律		10			
	了解婴儿家园共育过程中可能存在的一些问题		10			
实践技能（30 分）	能够将所学知识运用于实践		10			
	能够识别并分析不同月龄婴儿的教育问题		10			
	掌握婴儿家园共育策略，并对相关人员进行正确的指导		10			
综合素质（20 分）	具有较强的资料收集与整理能力		6			
	能透过现象看本质，培养理性思维		8			
	具备严谨、求实的学习态度		6			
活动成果（30 分）	查找的资料翔实、权威		6			
	辅食食谱设计得合理、科学		10			
	PPT 制作精美		7			
	解说词富有条理		7			
合计			100			
总评	自评（30%）+互评（30%）+师评（40%）=					
教师评语			教师（签名）：			

第五讲

1～3 岁幼儿的家园共育策略

学习目标

知识目标

- 了解 1～3 岁幼儿家园共育的重点内容。
- 掌握 1～3 岁幼儿家园共育的具体策略。

技能目标

- 能够根据 1～3 岁幼儿的实际情况，分析幼儿的生长发育水平。
- 能够有效运用 1～3 岁幼儿的家园共育策略。

素质目标

- 树立科学的育儿观念。
- 提升解决育儿问题的能力。

模块一 1～2 岁幼儿的家园共育策略

欣欣不爱画画了

欣欣不到 2 岁，她很喜欢画画，有时用磁铁笔在涂鸦板上涂鸦，有时用颜料在涂鸦墙上涂抹，有时用彩笔、蜡笔在纸上涂画，乐此不疲。

欣欣妈妈看到她对画画那么感兴趣，就想好好培养一下她。于是，欣欣妈妈按照自己的想法，先从纠正握笔姿势开始进行画画指导。欣欣原本的握笔姿势是全掌抓握式的，在每次画画之前，妈妈都要把她的握笔姿势强行改为三指夹握式（成人握笔写字的姿势）。被纠正几次后，欣欣对握笔失去了兴趣。等到欣欣 2 岁时，她变得不爱画画了。对于所有和画画有关的材料，她都不轻易触碰了。

一、信息获取

1．欣欣为什么不爱画画了？

2．描述欣欣妈妈在指导欣欣画画的过程中存在的问题。

3．假如你是托育机构的老师，你会从哪几个方面对欣欣妈妈进行指导？

二、实践记录

家园共育记录表

幼儿姓名：　　　　　　　　性别：　　　　　　　　年龄：

家长：

指导人员：

指导时间：

指导内容：

指导难点：

问题记录：

思考与总结：

新手指导

一、1～2 岁幼儿家园共育的重点内容

1～2 岁幼儿正处于生长发育的关键时期，其骨骼、内脏器官进一步发育，因此需要更多的营养。在这一阶段，幼儿的身体更加协调，肢体动作更加娴熟，开始学习行走、攀爬等基本技能，同时开始学说话，能够表达自己的意思。随着语言能力的提高其自我意识也逐渐增强。但是，1～2 岁幼儿对行为和情绪的控制能力较弱，经常会出现一些令人意外的行为或表现，如突然哭闹、抓人或推人等。因此，1～2 岁幼儿家园共育的重点内容如下。

（1）1～2 岁幼儿需要更丰富的营养物质，母乳喂养已无法满足幼儿当前的需要。因此，养育人员应在断乳的过程中，为幼儿提供种类丰富的辅食，以帮助幼儿顺利度过断乳期。

（2）1～2 岁幼儿开始学习走路、奔跑、攀爬、跳跃等基本动作，他们还喜欢扔球、踢球等活动，这有助于提高其身体的协调性和平衡性，增强手腕、手指、关节等部位的灵活度。因此，养育人员应提供足够的运动空间和游戏空间，鼓励幼儿探索外界环境并发展自己的运动能力。

（3）1～2 岁幼儿逐渐掌握了一定的词汇量，会说出简单的词和短句。因此，养育人员应引导幼儿积极表达，培养幼儿的语言能力。

（4）1～2 岁幼儿的大脑和神经系统不断发育，他们开始有了自我意识，但不能完全掌控自己的情绪和情感反应。因此，养育人员应给予幼儿足够的关心和爱护，尽量耐心地与幼儿相处和沟通。

二、1～2 岁幼儿家园共育的具体策略

（一）温和断乳，均衡膳食

断乳是指幼儿逐渐戒掉母乳的过程。在断乳的同时，1～2 岁幼儿需要逐渐适应家庭的日常饮食，从被动接受喂养状态转变为自主进食状态。

1．温和断乳

断乳是幼儿生活中的一大转折，心理学家将此称为“第二次母婴分离”。断乳不当不仅会使幼儿心理上难以适应，还会影响幼儿的身体健康。因此，养育人员需要注意以下几点。

1）确定合适的断乳时机

权威机构对断乳时机没有统一的时间要求，养育人员应根据实际情况而定，但大多数人会在幼儿 1 岁左右进行断乳。需要注意的是，在幼儿生病、生活发生较大变动（如搬家、旅行）时，养育人员尽量不要进行断乳，否则会加大断乳的难度。

2）选择科学的断乳方法

断乳是一个循序渐进、自然过渡的过程。母乳带给幼儿的不仅仅是营养物质，还有依赖感和安全感。因此，养育人员一定不要在乳头上涂抹苦的、辣的等物质，逼迫幼儿断乳，而是要选择科学的断乳方法。

（1）提前做好准备。养育人员应提前锻炼幼儿使用奶瓶、杯、碗和勺子的能力（见图5-1），并在断乳前为幼儿做一次全面体检。如果幼儿身体状况良好，消化能力正常，养育人员则可着手进行断乳。

图5-1　幼儿断乳前使用奶瓶

（2）逐渐减少喂奶次数和喂奶量。在给幼儿断乳时，母亲应逐渐拉长喂奶间隔，最好先减少白天的喂奶次数和喂奶量，之后逐渐减少夜间的喂奶次数和喂奶量。此外，在减少喂奶次数和喂奶量的同时，养育人员应多提供配方奶或辅食，以保证幼儿获取足够的营养。

（3）重视情绪抚慰。在断乳期间，母亲应更多地与幼儿亲密接触，以缓解其不安情绪，切忌一直远离幼儿，或将幼儿交给其他人喂养。此外，其他养育人员应多安抚幼儿，转移幼儿注意力，营造安全的环境和快乐的氛围，减少幼儿对母亲的心理依赖。

育儿锦囊

在母亲和幼儿的亲密接触中，两者已形成用多种方式表达亲密的默契，如拥抱、抚摸、语言交流、玩游戏及喂食等。断乳后，母亲仍然可以采用这些方式给幼儿带来心理安慰。

3）避免反复的断乳过程

在断乳的过程中，养育人员应果断行动、态度坚决，不可因幼儿一时哭闹就下不了决心，从而拖延断乳时间。当然，养育人员也不能反复地进行断乳，否则会给幼儿带来不良的情绪刺激，容易使其出现情绪不稳、夜惊、拒食等问题。

需要注意的是，幼儿断乳后体重可能会减轻，养育人员不必过于担心，只要幼儿摄入其他食物，体重就会慢慢增加。

断乳是指断母乳的同时也不让幼儿喝配方奶吗？与大家讨论交流一下。

2. 均衡膳食

1～2 岁幼儿的肠道已经能够消化多样化的食物，因此，养育人员应逐渐引导其接受多样化的食物，同时保证膳食的均衡。

1）注重营养均衡

1～2 岁幼儿应多吃富含维生素 A 和胡萝卜素的蔬菜水果，以及富含铁、锌的动物性食物。在搭配膳食时，养育人员应遵循粗细搭配（全谷物和杂豆类食物搭配）、荤素搭配（动物性食物和植物性食物搭配）、深浅搭配（深颜色食物和浅颜色食物搭配）等原则，以保证营养均衡，这里参考中国营养学会推荐的 7～24 月龄婴幼儿平衡膳食宝塔，列出了 1～2 岁幼儿每日膳食结构（见图 5-2）。

盐	0～1.5 克
油	5～15 克
蛋类	25～50 克
畜禽肉鱼类	50～75 克
蔬菜类	50～150 克
水果类	50～150 克
母乳	600～400 毫升
谷类	50～100 克

图 5-2　1～2 岁幼儿每日膳食结构

2）合理烹调

一般来说，辅食应以少盐、少糖、少刺激的淡口味食物为主，避免腌制品、熏肉等高盐、高糖食物。

为了减少烹饪过程中食物营养的流失，养育人员应选用合适的加工方法和烹调方式。首先，养育人员一定要将食物煮熟、煮透；其次，宜选用蒸、煮的烹调方式，不宜选用煎、炸的烹调方式；最后，应将食物切碎煮烂，以便于幼儿咀嚼、吞咽和消化。特别需要注意的是，幼儿的食物应完全去除皮、核、骨、刺等。

3）规律进餐

幼儿 1 岁后应逐渐规律进餐，每天可安排 3 顿正餐、2 次加餐。每顿正餐的间隔一般为 3～4 小时，每次进餐时间约 30 分钟；加餐与正餐的间隔一般为 1.5～2 小时。

育儿互动

还有半小时就要吃午饭了，但月月吵着要吃零食。妈妈不同意，爷爷一看孩子哭了，急忙拿来饼干哄她，妈妈看见后很生气。

请问：月月的妈妈为什么生气？说说你的想法。

4）顺应喂养

顺应喂养强调喂养过程中养育人员和幼儿之间形成良性互动。其中，养育人员需要注意以下几点。

（1）1～2 岁幼儿食量波动较大，饮食习惯多变。养育人员应及时感知并恰当地回应幼儿发出的饥饿和饱足信号，充分尊重幼儿的进食意愿。幼儿不吃饭时，养育人员可以耐心鼓励，但一定不能强迫喂养。

（2）养育人员应为 1～2 岁幼儿提供安全、营养、多样化且与其发育水平相适应的食物，并尊重幼儿对食物的选择。对于幼儿不喜欢的健康食物，养育人员应灵活搭配，反复提供，并鼓励幼儿尝试。

育儿纪实

自己进食的壮壮

壮壮 2 岁了，长得虎头虎脑的，有一定的自理能力。一次，壮壮自己把饭吃完后，外公又给他盛了一碗，说：“壮壮，再吃点，多吃饭，身体好。”壮壮说：“外公，我吃饱了，不吃了。”可外公还是想让壮壮多吃点，一直劝他说：“再吃点吧，不然一会儿就该饿了。”

评析：壮壮可以自主进食，并能准确地表达自己的意愿。壮壮外公应尊重壮壮的进食意愿，不应逼迫壮壮多吃，同时，外公要注意避免给壮壮提供高热量、高糖分的食物，否则可能增加壮壮患肥胖症的风险。

（二）创设合理的活动空间

1～2 岁幼儿的身体灵活性大幅提高，他们对事物充满好奇心。因此，养育人员应为其创设必要的活动空间，提供合适的玩具，激发其探索欲和想象力。

1．游戏空间

1）游戏环境

（1）物质环境。养育人员在布置游戏空间时，应根据游戏内容，合理地划分游戏空间、布置游戏场地、摆放游戏玩具等。不同的游戏空间要有清晰的界限，如积木区、美术区、角色游戏区等。如果空间划分得不清晰，可能会影响幼儿的注意力。

（2）心理环境。为了让幼儿体会到游戏带来的愉悦，养育人员应提供让幼儿感到安全、舒适、轻松、温馨的环境，同时注意与幼儿进行互动，鼓励幼儿互相交流，营造良好的游戏氛围。

2）游戏玩具

玩具是 1～2 岁幼儿游戏的主要工具，养育人员应根据幼儿身心发展需求提供合适的玩具。

（1）购买玩具。养育人员应为幼儿购买种类多样的玩具，鼓励幼儿根据生活经验开展游戏。例如，积木区可以放置多样的积木玩具（见图 5-3），如镶嵌玩具、套环、套筒等；美术区可以放置画笔、画板（见图 5-4）、图画书等；角色游戏区可以放置各种生活类玩具，如玩具车、娃娃、衣帽、碗筷、纸巾等。此外，为了保证幼儿的安全，养育人员一定要选择表面光滑、无尖锐边角的玩具。

如何挑选适合 1～2 岁幼儿的玩具

图 5-3　积木玩具

图 5-4　画笔和画板

（2）制作玩具。养育人员可以利用日常生活中的废旧物品，和幼儿一起制作玩具，既培养其动手能力和想象力，又增进与幼儿之间的感情。例如，养育人员可以利用废旧塑料瓶制作电话、小风铃等。又如，养育人员可以利用废旧纸制品，制作拼图、贺卡和小汽车等。再如，养育人员可以利用布料和绳子，通过裁剪、缝合、编织等方式制作轻便的玩具（如沙包、毽子等）。

聪聪一岁半了，他拿到新买的玩具后，只玩几天就失去了兴趣，反而对家里的遥控器、饮料瓶、纸盒子等常见物品爱不释手。

请问：除了遥控器、饮料瓶、纸盒子等物品外，日常生活中还有哪些物品可以成为玩具呢？与大家讨论交流一下。

2. 运动空间

运动空间可分为室内运动区和户外运动区。室内运动区可放置一些占地面积较小的健身器材和设施，如健身球、小型滑梯等，地面可铺设泡沫板，以防幼儿摔伤。户外运动区（见图 5-5）可以放置供幼儿爬、跳、钻及跨越的相关设备，如大型滑梯、攀爬架、台阶及斜坡等。此外，养育人员可以带幼儿去公园游玩，鼓励其自由奔跑，探索大自然。

图 5-5　户外运动区

（三）提供良好的语言环境

1～2 岁幼儿进入了语言发展的关键阶段，养育人员应注重为幼儿提供听说环境和阅读环境，以促进幼儿语言能力的发展。

1. 听说环境

1）积累词汇

1 岁后，幼儿的理解能力发展较快，模仿能力有所提升，但他们掌握的词汇量还比较少。养育人员可以多说一些词组，如“我的鞋子”“你的玩具”“红红的太阳”“看电视”“坐椅子”等，从而丰富幼儿的词汇量。

2）规范语言

养育人员应主动与 1～2 岁幼儿进行正面的、简单的对话。例如，养育人员可以用幼儿能理解的短句和简单的词汇向幼儿描述周围的一切，并经常对其提问，共同探讨事物和事件，增强幼儿与人对话的兴趣。需要注意的是，1～2 岁幼儿会有很多疑问，养育人员一定要认真对待，耐心回答，保护其好奇心。

育儿纪实

成成与“呜气”

成成快满 2 岁了，但掌握的词汇量较少。他喜欢所有与车相关的玩具，如遥控汽车、回力车等。有一次，成成听到动画片里火车的汽笛声，就不停地模仿“呜气呜气”的声音。妈妈渐渐发现“呜气”已经成了成成口中火车的代名词。

有一天，成成来到浴室，指着浴室的推拉门兴奋地叫“呜气”，妈妈告诉成成：“这不是呜气，这是推拉门。”于是成成走过去将推拉门推来推去，继续大声说：“呜气呜气。”妈妈上前阻止，说：“小心挤住手，要注意安全。”这时，成成激动地跑到浴室窗前，继续大叫“呜气”，并试图爬上椅子，去推窗户。

分析：成成说的“呜气”指代能沿着轨道移动的物体。妈妈应抓住词语输入的机会，把“轨道”“推拉门”“推拉窗”的名称一一告诉成成。

2. 阅读环境

1）舒适、明亮的环境

养育人员可以找一个角落，放置一个开放式的书架，并在书架旁放置几个卡通软靠垫，营造舒适、温馨的环境。注意阅读空间的光线一定要充足，最好提供小桌椅，方便幼儿自行翻阅图书。

2）丰富的阅读材料

丰富的阅读材料可以帮助幼儿扩展词汇量，强化理解和表达能力。养育人员应选择内容简单、图画生动、易于理解的绘本，并分类摆放，以方便幼儿选择。绘本的类型大致分为以下几种：① 故事类：包括童话、民间故事等；② 自然科学类：介绍植物、动物、人体等方面的科学知识；③ 社会科学类：介绍历史、文化、社会等方面的知识；④ 识字类：介绍拼音、汉字等知识。

需要注意的是，1～2 岁幼儿不能独立阅读，容易撕坏、咬坏书本，因此，养育人员应尽量选择硬板书、布书等，并与幼儿共读绘本，帮助其理解主要内容，引导其通过语言、肢体动作和表情等多种方式复述书中内容。

（四）进行高质量的亲子陪伴

1～2 岁幼儿缺乏情感表达与情绪调控能力，容易因无法有效沟通与表达而出现愤怒、挫败等负面情绪。因此，养育人员应投入足够的时间和精力，关注并陪伴幼儿。

1. 扮演观察者和协助者

养育人员应扮演观察者和协助者。

作为观察者，养育人员应留意幼儿的行为习惯、性格特点和智力发展等方面的变化，如幼儿是否活泼好动、爱哭闹、偏爱某些活动等，从而帮助他们养成良好的生活习惯，识别自身的兴趣爱好。

作为协助者，养育人员应持续关注幼儿遇到的问题，并协助解决问题。例如，当幼儿在与人交往的过程中遇到困难时，养育人员可以引导幼儿思考问题，鼓励幼儿积极沟通，使其增强交往能力。

2. 理解情绪化行为

1～2 岁幼儿出现情绪化行为是很正常的，养育人员应予以理解，还应采用适当的方法和手段引导他们调节情绪。

（1）理解性回应。养育人员应保持冷静，透彻地了解他们的真实情感和需求，并积极地给予理性的回应，以缓解其紧张情绪，增强其自信心。

（2）正面引导。养育人员应用语言描述当下发生的事情，鼓励幼儿充分表达自己的感受，并引导幼儿调节自身情绪，进行积极的沟通。

模块二 2～3 岁幼儿的家园共育策略

应用场景

不听话的琳琳

午饭后，琳琳妈妈带琳琳去公园玩，玩了半天，到了吃晚饭的时间。琳琳妈妈问道："琳琳，天快黑了，我们该回家吃饭啦，现在准备回家吧？"琳琳头也不回，答道："不要！我还要玩！"于是，琳琳妈妈又陪她玩了一会儿，之后再次提出该回家了，可琳琳还是不愿意走。这时，琳琳妈妈有点不耐烦了，大声喊道："我们得赶紧回家，你再这样，以后就不带你出来玩了。"琳琳听到后不仅没有改变主意，还用更响亮的声音说："妈妈坏，我就要玩，我不要吃饭！"琳琳妈妈听到后再也无法控制自己的情绪，大吼道："你到底走不走？你不走，我一个人走！"看到妈妈扭头走了，琳琳大声哭了起来。

典型任务

一、信息获取

1．描述琳琳不听话的原因。

2．描述琳琳妈妈与琳琳沟通时存在的问题。

3．假如你是托育机构的老师，你会从哪几个方面指导琳琳妈妈与琳琳沟通。

二、实践记录

家园共育记录表

幼儿姓名：　　　　　　性别：　　　　　　年龄：

家长：

指导人员：

指导时间：

指导内容：

指导难点：

问题记录：

思考与总结：

一、2～3 岁幼儿家园共育的重点内容

2～3 岁幼儿进入一个相对稳定的生长发育阶段，他们已经掌握了跑步、跳跃等基本技能，并开始学习自主完成一些日常事务，具备了一定的生活自理能力。同时，他们的活动范围逐渐扩大，接触到的事物越来越多，自我意识迅速发展起来，语言和交往能力也随之增强。此外，2～3 岁幼儿也开始为进入幼儿园做准备，需要学习社交技能。因此，2～3 岁幼儿家园共育的重点内容如下。

（1）2～3 岁幼儿的身体协调性、自主性、好奇心、学习能力和模仿能力等普遍增强，但注意力易分散。因此，养育人员应引导幼儿集中注意力，投入地完成自己的事情，还应指导幼儿学习穿衣、刷牙、洗手、喝水等日常生活技能。

（2）2～3 岁幼儿充满了探索世界的热情，但可能会因为不了解规则而做错事情，或出现情绪化行为。因此，养育人员应教育幼儿遵守规则，帮助幼儿建立规则意识，为其更好地适应社会做准备。

（3）2～3 岁幼儿动手能力较强，充满了想象力和创造力。因此，养育人员应鼓励幼儿积极参与实践活动，提高其动手能力和解决问题的能力。

（4）2～3 岁幼儿开始有更多接触同龄人的机会，他们乐于分享自己的经验和感受。因此，养育人员应引导幼儿学习基本礼仪和待人接物的方法，并提供健康的社交环境。

二、2～3 岁幼儿家园共育的具体策略

（一）提供细致的生活指导

2～3 岁幼儿开始学习生活自理，养育人员应引导幼儿独立完成日常生活中的一些活动，具体包括以下几个方面。

1．饮食

2～3 岁幼儿已具备使用餐具自主进食的能力。养育人员应鼓励幼儿自主进食，使其逐渐适应家庭的日常饮食，培养良好的饮食习惯，具体要求如下。

1）安排营养均衡的食物

2～3 岁幼儿摄入的食物种类和膳食结构接近但不等同于成人，养育人员应选择质优、易消化的食物，同时保证幼儿每天的饮食包括谷薯类、动物性食物、多种蔬菜水果及适量的植物油，这里参考中国营养学会推荐的学龄前儿童平衡膳食宝塔，列出了 2～3 岁幼儿每日膳食结构（见图 5-6）。

盐	小于 2 克
油	10～20 克
奶类	350～500 克
大豆	5～15 克
蛋类	50 克
畜禽肉鱼类	50～75 克
蔬菜类	100～200 克
水果类	100～200 克
谷类	75～125 克
薯类	适量
水	600～700 毫升

图 5-6　2～3 岁幼儿每日膳食结构

2）挑选合适的餐具

一般来说，餐具的大小和形状应方便幼儿握持，餐具材料应优质、无毒、环保，如不锈钢、硅胶、玻璃等。养育人员为 2～3 岁幼儿准备专用筷子时，应选择长度稍短、细圆、不易打滑的木筷或竹筷。

3）示范正确的持筷姿势

2～3 岁幼儿刚开始学习使用筷子时，姿势可能不太正确。养育人员应多做示范，耐心指导，帮助幼儿掌握正确的持筷姿势（见图 5-7），切不可急于求成，斥责幼儿，这样会挫伤幼儿学习使用筷子的积极性和自信心。

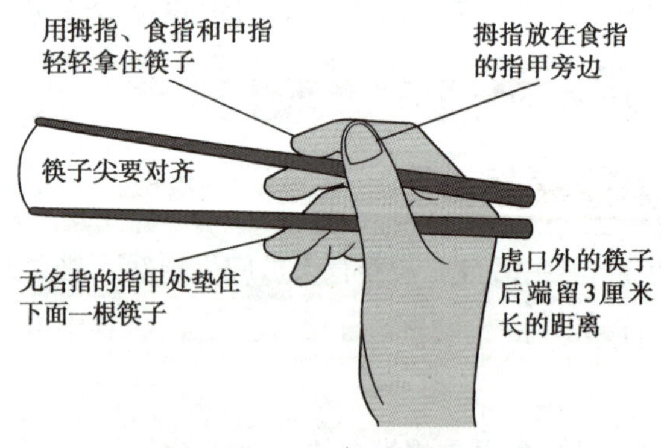

图 5-7　正确的持筷姿势

4）引导幼儿专注进食

2～3 岁幼儿的注意力不易集中，其在进食时易受环境影响。养育人员应引导幼儿专注进食，具体可从以下几个方面入手。

（1）选择固定的就餐时间，让幼儿使用专用的桌椅及餐具。

（2）进餐时远离电视、游戏区，避免其他事物干扰幼儿，同时避免追逐喂食。

（3）鼓励幼儿细嚼慢咽，但最好在 30 分钟内进餐完毕。

（4）禁止幼儿进餐时跑、跳、打、闹，特别是拿着餐具边跑边玩。

独立取水

幼儿 2 岁左右能够较好地抓握水杯。此时，养育人员可以训练幼儿独立完成取水活动，具体操作如下。

（1）选择带有双手柄、抗摔的水杯，并将杯子和饮水机放置在幼儿能够触及的不同位置，注意饮水机的热水温度不应超过 40℃。

（2）示范取水步骤，鼓励幼儿独立取水。例如，让幼儿给杯子装满水，再全部倒入空盆中，之后再重新装满、倒空，重复数次；又如，引导幼儿用杯子装水喂养育人员喝水；等等。

育儿引航

婴幼儿食育

食育有益于婴幼儿的身心健康，能增进亲子关系。托育机构应与家庭配合开展食育，让婴幼儿感受、认识并享受食物，使其养成良好的饮食习惯，体验中华饮食文化。

（一）感受和认识食物

适时引导婴幼儿感受食物，使其通过视觉、触觉、嗅觉、味觉、听觉等感知食物的色、香、味、质地，从而激发其对食物的兴趣，使其认识新食物，接受新食物。养育人员可以让婴幼儿观察或参与植物播种、照料、采摘等过程，还可以让婴幼儿参与食物制作的过程。

（二）培养饮食习惯

养育人员应营造安静、温馨、轻松、愉悦的就餐环境，引导婴幼儿享受食物，使其逐步养成规律就餐、专注就餐、自主进食的饮食习惯。养育人员还应为婴幼儿选择健康食品，避免高糖、高盐和油炸食品。

（三）体验饮食文化

养育人员应培养婴幼儿的用餐礼仪，教导婴幼儿感恩食物，珍惜食物。在春节、元宵节、端午节和中秋节等传统节日期间，养育人员应让婴幼儿体验中华饮食文化。

（资料来源：中华人民共和国国家卫生健康委员会官网，有改动）

2. 睡眠

养育人员可以帮助2～3岁幼儿练习自主入睡，具体方法如下。

（1）培养睡眠意识。幼儿有意识地进入睡眠状态是后天习得的技能。养育人员可通过与幼儿共同阅读绘本，帮助其了解睡眠的重要性。

（2）形成固定的睡眠时间。养育人员应将幼儿的入睡时间固定在晚上9点左右（晚上9点到凌晨1点是生长激素分泌的高峰期），以培养幼儿按时睡觉的好习惯。

（3）确定睡前程序。养育人员可以与幼儿共同确认睡前程序，如换睡衣、刷牙、听故事等，这不仅可以让幼儿感到安心，还可以让幼儿知道该睡觉了。

（4）提供安抚物品。养育人员可以为幼儿准备娃娃、毛巾等安抚物品，以取代行为上的安抚。

3. 如厕

2～3岁幼儿开始学习自主大小便，养育人员应引导其正确使用马桶，一般需要注意以下几点。

（1）创设安全、干净的如厕环境，确保幼儿感到放松和舒适。

（2）帮助幼儿脱掉裤子和内裤，让他们坐在马桶上并调整坐姿，鼓励他们放松身体，自然地排泄。例如，用简单、有趣的语言或图片告诉他们如何正确如厕。

（3）引导幼儿正确地使用纸巾、湿巾等擦拭私密部位，以保持干净、卫生。

（4）督促幼儿如厕后正确地洗手，避免细菌感染。

（5）及时给予幼儿鼓励和表扬，使他们有成就感，激发他们如厕的兴趣和信心。

（6）在饭后、睡前等固定时间点提醒幼儿如厕，帮助幼儿养成定时如厕的习惯。

此外，幼儿彻底脱离纸尿裤需要一定的时间，养育人员应保持耐心，给予足够的时间，不要责骂幼儿。

4. 穿脱衣物

2～3岁幼儿学习穿脱衣物需要一个过程，养育人员应循序渐进地引导幼儿练习穿脱衣物，主要包括穿脱衣服、袜子和鞋子。

1）穿脱衣服

穿套头的衣服时，先让幼儿将两只手臂分别伸进袖子里，再帮助他们把衣服套在身上，最后调整肩线和袖子。对于有拉链的衣服，要提醒幼儿拉上拉链。脱套头的衣服时，先让幼儿坐下来，并将两只手臂向上伸直，再让幼儿尽量往前弯腰，最后将衣服脱下来。对于有拉链的衣服，要提醒幼儿拉开拉链。

练习穿脱衣服时，最好选择宽松的套头卫衣、带拉链的外套等，不要选择带很多小扣子的外套。这可以降低幼儿穿脱衣服的难度，增强幼儿的自信心。

2）穿脱袜子

穿袜子时，先将袜子卷至仅剩下袜子前缘脚趾的部分，再引导幼儿将袜子套在脚上并往上拉。脱袜子时，引导幼儿先将拇指伸入袜子，将袜子脱到脚跟，再抓住脚尖的袜子往外拉。

3）穿脱鞋子

幼儿练习穿脱鞋子之前，应先学会区分鞋子的左右。养育人员可将一首简单的顺口溜教给幼儿："小朋友要牢记，我们穿鞋有顺序。头对头，穿对了，背对背，穿反了。"

穿鞋时，将魔术贴鞋子放在幼儿面前，指导幼儿打开魔术贴，帮助他们将双脚伸入鞋中，再让其按紧魔术贴。练习脱鞋时，让幼儿坐在小椅子上，指导幼儿打开魔术贴，用手压住鞋后跟，将脚从鞋子里拔出来，再将鞋摆放好，方便下次穿。

5．清洁卫生

养育人员应引导幼儿独立使用牙刷、毛巾、洗手液等卫生用品清洗牙齿、脸和手。

（1）刷牙（见图 5-8）。① 先准备好软毛的儿童牙刷，挤上少量无氟儿童牙膏。② 让幼儿站在镜子前或坐在椅子上，养育人员以语音和示范相结合的方式，引导幼儿将牙刷向上或向下倾斜 45 度角来回移动，缓慢、轻柔地清洁牙齿。③ 刷完牙后，让幼儿用水漱口，并吐出口中的水。

七步洗手法

图 5-8　幼儿尝试独立刷牙

（2）洗脸。① 先准备温水和适合儿童的清洁产品。② 让幼儿用温水浸湿洗脸毛巾，并轻轻擦拭脸部。③ 引导幼儿将清洁产品挤在手掌上，揉搓出泡沫后，清洁脸部。④ 引导幼儿用温水彻底冲洗脸部，确保无残留物质，并用毛巾从额头开始，一直擦到下巴。需要注意的是，提醒幼儿千万不能将清洁产品或泡沫弄到眼睛或嘴巴里。

（3）洗手。① 引导幼儿打开水龙头，简单冲洗双手，然后挤一点洗手液，揉搓双手至起泡沫，并来回搓洗。② 让幼儿用流动的水洗掉泡沫，确保无残留物质。③ 引导幼儿用纸巾或毛巾将双手擦干，并将废弃的纸巾丢进垃圾桶。

（二）引导幼儿遵守规则

2～3 岁幼儿开始理解规则并学习遵守规则，养育人员应帮助幼儿建立规则意识，使其逐步养成良好的行为习惯，推进幼儿秩序感的发展，具体包括以下几个方面。

1．建立日常规则

养育人员应引导幼儿遵循日常生活中简单的行为规则，如吃饭前要洗手、玩完玩具后要将其放回原位、脱鞋后不乱扔等，让幼儿按照规则完成具体的事，并不断地给予鼓励，让幼儿建立规则意识。

2．遵守社会规则

养育人员应向幼儿解释社会规则的重要性，可以通过亲身示范或欣赏儿歌、故事的方式，引导幼儿理解和遵守社会规则，使其树立正确的行为标准，如使用礼貌用语、友善待人、看红绿灯过马路、把垃圾扔进垃圾桶、排队购物等。

3．适度奖惩

养育人员应根据规则的执行情况对幼儿进行奖励或惩罚，做到奖惩得当。

（1）奖励要明确。当幼儿的行为符合规则时，养育人员应及时给予积极的反馈，通过口头赞扬或物质奖励让幼儿感到被认可和赞赏，从而提高其积极性。

（2）惩罚要适当。当幼儿的行为不符合规则时，养育人员应先给予适当的解释和反馈，再采取适当的惩罚方法，如暂时限制其参与某种活动等。需要注意的是，惩罚要符合幼儿的年龄和性格特征，否则容易伤害幼儿的自尊心。

（三）组织丰富的实践活动

2～3 岁幼儿在思维、体能、动手能力方面都有显著的发展，他们对事物充满了好奇心，因此，养育人员应组织形式多样的实践活动，帮助幼儿更好地发展。

1．完成家务劳动

2～3 岁幼儿有参与家务劳动的欲望。在日常生活中，养育人员可以适当地安排一些简单的劳动，如扫地、擦桌子、剥豆子等，也可以让幼儿协助晾晒衣服，或为幼儿准备一些小型的劳动工具（如小铲子），让其参与整理花盆、种花等家务劳动。在参与家务劳动的过程中，养育人员不仅可以教给幼儿一些正确的操作方法与技能，还能帮助幼儿获得基本的自我保护能力。

2．进行自然探索

2～3 岁幼儿处于对环境和事物充满好奇心的阶段，他们渴望探索大自然的奥妙，养育人员可以多带幼儿亲近大自然。

（1）发现自然。养育人员可以带幼儿到公园或野外进行游览和探索，还可以为幼儿安排野餐、露营等户外活动，引导他们注意大自然中的各种现象及其变化。

（2）探索自然。养育人员可以带幼儿在自然环境中玩水、玩沙子（见图 5-9）、观察昆虫和植物等，还可以鼓励幼儿用泥土、干枝叶等自然材料创造艺术品和玩具。这些简单有趣的体验可以加深幼儿对大自然的印象，同时促进幼儿的语言、思维、创造力等的发展。

图 5-9　幼儿玩沙子

（四）提供健康的社交环境

养育人员应给予幼儿足够的指导和支持，帮助幼儿建立良好的人际关系，增强他们的自信心，为幼儿顺利进入幼儿园做好准备。

（1）养育人员在日常生活中应积极地使用礼貌用语，并示范给幼儿看，引导幼儿说“请”“谢谢”“对不起”等，使其学会主动与熟人打招呼。

（2）养育人员可以通过读绘本、玩游戏等方式教授幼儿简单的社交技能。例如，阅读关于朋友、家庭关系的绘本，引导幼儿模拟朋友间交往的场景，并学习自我介绍、合理表达意见，等等。

（3）养育人员应为幼儿创造单独与伙伴一起玩耍的机会，鼓励其主动与人交往，并引导幼儿分享玩具和食物，提高幼儿的社交能力。

育儿互动

幼儿与伙伴交往时，可能出现争执。养育人员是否应该介入幼儿之间的矛盾？为什么？与大家讨论交流一下。

（4）养育人员应多倾听幼儿的心声，与幼儿进行情感沟通，培养其情感表达能力。例如，当幼儿分享自身经历时，养育人员应耐心倾听，让他们感觉被重视和爱护；当幼儿在社交过程中犯错误时，养育人员应理解其行为背后的动机，耐心引导，让幼儿认识到错误并找到正确的解决方法。

学以致用

综合测试

一 不定项选择题

1. 1～2 岁幼儿断乳时，养育人员需要注意（　　）。

A．确定合适的断乳时机　　B．避免继续喂养母乳

C．选择科学的断乳方法　　D．避免反复的断乳过程

2. 为了减少烹饪过程中食物营养的流失，养育人员应选用（　　）的烹调方式。

A．蒸、煮　　B．煎、炸　　C．炒、烧　　D．腌、卤

3. 1～2 岁幼儿出现情绪化行为时，养育人员应采用（　　）的方法和手段引导他们调节情绪。

A．理解性回应　　B．正面引导

C．情绪性回应　　D．训斥打骂

4. 2～3 岁幼儿家园共育的具体策略主要包括（　　）。

A．提供细致的生活指导　　B．制订合理的规则制度

C．组织丰富的实践活动　　D．提供健康的社交环境

5. 养育人员为 2～3 岁幼儿准备的专用筷子的特点不包括（　　）。

A．稍短　　B．木制或竹制

C．细圆　　D．易打滑

二 判断题

1. 权威机构对断乳时机没有统一的时间要求，养育人员应根据实际情况而定，但大多数人会在幼儿 1 岁左右进行断乳。（　　）

2. 针对 1～2 岁幼儿的情绪化行为，养育人员只要满足其所有的愿望即可。（　　）

3. 1～2 岁幼儿正处于生长发育的关键时期，其骨骼、体重、内脏器官进一步发育，身体需要更多的营养。（　　）

4. 一般来说，2～3 岁幼儿开始为进入幼儿园做准备。（　　）

5. 2～3 岁幼儿摄入的食物种类和膳食结构完全等同于成人。（　　）

三 简答题

1．1～2 岁幼儿家园共育的具体策略有哪些？

2．养育人员如何帮助 2～3 岁幼儿建立规则意识？

四 实践题

为了普及科学育儿的相关知识，请全班学生以小组为单位，按照以下步骤完成“1～3 岁幼儿家园共育策略咨询服务”的实践活动。

〔实践分组〕

全班学生以 4～6 人为一组进行分组，各组选出组长并进行任务分工，将小组成员及分工情况填入表 5-1 中。

表 5-1 小组成员及分工情况

<table>
<tr><td>班级</td><td></td><td>组号</td><td></td><td>指导教师</td><td></td></tr>
<tr><td>小组成员</td><td>姓名</td><td>学号</td><td colspan="3">任务分工</td></tr>
<tr><td>组长</td><td></td><td></td><td colspan="3"></td></tr>
<tr><td rowspan="5">组员</td><td></td><td></td><td colspan="3"></td></tr>
<tr><td></td><td></td><td colspan="3"></td></tr>
<tr><td></td><td></td><td colspan="3"></td></tr>
<tr><td></td><td></td><td colspan="3"></td></tr>
<tr><td></td><td></td><td colspan="3"></td></tr>
</table>

〔实践步骤〕

（1）根据本次活动主题，利用互联网搜集并整理相关资料。

（2）利用所搜集的资料制作简单的图文展板、宣传材料（如知识手册）等。

（3）在社区内摆放图文展板，发放宣传材料，介绍 1～3 岁幼儿家园共育的重点内容与具体策略，解答并随时记录家长们提出的问题。

（4）整理咨询服务过程中家长们提出的问题，分析实际情况，并提供一定的建议或解决方法，如表 5-2 所示。

表 5-2　咨询记录表

问题	实际情况	建议或解决方法

〔实践成果〕

以 PPT 的形式在班级内展示小组实践成果，各组派 1 名代表进行解说。

学习评价

本讲主要介绍了 1～3 岁幼儿家园共育的重点内容和具体策略。通过学习本讲内容，学生应能够对幼儿的生长与发展情况进行分析，进而灵活运用家园共育策略。

教师可以从基本知识、实践技能、综合素质、活动成果等方面对学生进行评价，请各位同学配合指导教师共同完成学习评价表（见表 5-3）。

表 5-3　学习评价表

班级		姓名		学号	
组号		指导教师		日期	

评价维度	评价标准	分值	评分		
			自评	互评	师评
基本知识（20 分）	掌握幼儿的身心发展规律	10			
	了解幼儿家园共育过程中可能存在的一些问题	10			
实践技能（30 分）	能够将所学知识运用于实践	10			
	能够识别并分析不同阶段幼儿的家园共育问题	10			
	掌握幼儿家园共育的具体策略，并对相关人员进行正确的指导	10			
综合素质（20 分）	具有较强的资料搜集与整理能力	6			
	能透过现象看本质，培养理性思维	8			
	具备严谨、求实的学习态度	6			
活动成果（30 分）	查找的资料翔实	6			
	图文展板、宣传材料设计得简洁、科学	6			
	提供的建议或解决方法专业、有效、可行	10			
	PPT 制作精美	8			
合计		100			
总评	自评（30%）+互评（30%）+师评（40%）=				
教师评语		教师（签名）：			

第六讲 特殊婴幼儿的家园共育策略

学习目标

知识目标

- 了解不同障碍类型的定义、分级，以及不同障碍类型婴幼儿的特点。
- 熟悉不同障碍类型特殊婴幼儿的家园共育策略。

技能目标

- 能够正确区分不同障碍类型的特殊婴幼儿。
- 能够根据不同障碍类型特殊婴幼儿的具体情况，采取有针对性的养育策略。

素质目标

- 尊重特殊婴幼儿的个体差异。
- 培养敏锐的洞察力和良好的沟通能力。

智力障碍婴幼儿的家园共育策略

某天，在阳光托育园中，李老师发现一岁半的明明对游戏指令没有反应，于是与明明妈妈发生了以下对话。

李老师：您好，明明妈妈，明明最近有什么异常表现吗？

明明妈妈：明明最近特别喜欢哭闹，并且玩玩具时拿一个丢一个。

李老师：那你尝试和他沟通过吗？

明明妈妈：我告诉他这样做不对，并且耐心地问他想要什么，为什么哭闹。但明明好像完全没有听到，也没有任何反应。我想他是不是在耍性子，不想理我。

李老师：如果明明一直不与人沟通，建议您带他进行医学检查和评估，确保明明的身心健康。

明明妈妈：好的，感谢李老师的建议，我会尽快带他去医院做检查。

典型任务

一、信息获取

1. 描述明明的异常行为。

2. 指出明明妈妈在养育明明的过程中存在的问题。

3. 假如你是李老师，你会从哪几个方面对明明妈妈进行指导？

二、实践记录

家园共育记录表

婴幼儿姓名：　　　　　　性别：　　　　年龄：　　　　　　障碍类型：

家长：

指导人员：

指导时间：

指导内容：

指导难点：

问题记录：

思考与总结：

新手指导

一、智力障碍婴幼儿概述

（一）智力障碍的定义与分级

智力障碍是指婴幼儿的智力显著低于同龄人一般水平，并伴有适应行为障碍的病理状态。智力障碍婴幼儿的智商（IQ）往往在 70 以下，即正常人群平均水平的两个标准差以下。

根据《残疾人残疾分类和分级》（GB/T 26341-2010），智力障碍按发育商（DQ）和适应行为水平来划分等级，一般可分为四级，具体如表 6-1 所示。

表 6-1　智力障碍的分级

分级	发育商（DQ）范围	程度
一级	≤25	极重度
二级	26～39	重度
三级	40～54	中度
四级	55～75	轻度

注：发育商（DQ）是用来衡量婴幼儿心智发展水平的核心指标之一，是结合婴幼儿在大运动、精细动作、认知、情绪和社会性发展等方面的发育情况对其进行的评价。

育儿攻略

适应行为障碍的表现

极重度：不能与人交流，不能自理，不能参与任何活动，身体移动能力很差；需要相关机构及养育人员提供全面的支持，全部生活由他人照料。

重度：与人交往能力差，生活方面很难达到自理，运动能力较差；需要相关机构及养育人员提供广泛的支持，大部分生活由他人照料。

中度：能以简单的方式与人交流，生活方面能部分自理，能做简单的家务劳动，能参与一些简单的社会活动；需要相关机构及养育人员提供有限的支持，部分生活由他人照料。

轻度：能生活自理，能承担一般性的家务劳动或工作，对周围环境有较好的辨别能力，能与人交流和交往，能正常地参与社会活动；需要相关机构及养育人员提供间歇性的支持，一般情况下不需要他人照料。

需要注意的是，单纯地依赖智商测试结果来评估婴幼儿的智力水平是不充分的，必须结合其他因素进行综合评估，如家庭背景、学校教育、社会环境与支持等。

（二）智力障碍婴幼儿的特点

智力障碍婴幼儿的特点主要包括以下几个方面。

（1）感知能力较差。智力障碍婴幼儿对外部环境的感知能力较差，对刺激反应迟钝或无反应。

（2）记忆能力较差。智力障碍婴幼儿的长期记忆能力相对较差，其需要花费较多的时间和精力来记忆事物，并且经常回忆不起来发生过的事情。

（3）语言发展迟缓。智力障碍婴幼儿的语言发展进程相对滞后，通常表现为发音不清、词汇量有限、语法错误和说话不连贯等。

（4）自理能力较差。智力障碍婴幼儿的手部运动能力发育不完善，无法完成洗脸、刷牙、穿衣等常规的生活自理活动。

二、智力障碍婴幼儿家园共育的具体策略

（一）营造充满爱与支持的氛围

养育人员应为智力障碍婴幼儿提供安全、稳定的生活环境，营造充满爱与支持的氛围，并对智力障碍婴幼儿的积极行为进行鼓励，理解和包容他们的不良情绪，保护他们远离恐惧、不安和压力。例如，养育人员可以用亲切的语言和主动的肢体接触［如拥抱、抚摸（见

图 6-1）等］向智力障碍婴幼儿表达爱意。又如，当智力障碍婴幼儿完成简单任务时，养育人员应给予肯定和奖励。

图 6-1 抚摸

（二）进行有效的交流

养育人员应多与智力障碍婴幼儿进行交流，增加他们语言输出的机会，鼓励他们使用肢体语言，帮助他们更加准确地表达自己的意愿。

在与智力障碍婴幼儿交流时，养育人员应注视他们的眼睛，并注意观察他们的面部表情和手势，以更好地理解他们所表达的内容。同时，养育人员还应改变自己的表达方式，尽量使用简单明了的语言，并放慢语速，用平和的语气耐心地与他们说话，确保他们能够听懂并主动参与交流。

家园共育，促智力障碍婴幼儿身心发展

（三）配合专业的治疗

智力障碍婴幼儿通常需要接受专业的治疗，养育人员应积极配合专业治疗机构及相关专业人员，确保为智力障碍婴幼儿提供最适宜的支持和引导。

（1）接受专业培训和指导。养育人员应积极参加专业治疗机构提供的培训课程，以增强对智力障碍婴幼儿的了解，并学会使用正确的康复训练方法，从而更好地照护智力障碍婴幼儿。

（2）协作治疗。养育人员应与专业人员共同制订智力障碍婴幼儿的治疗方案，并引导智力障碍婴幼儿配合专业人员的治疗。

（3）及时反馈。养育人员应定期与专业人员进行沟通，及时反馈智力障碍婴幼儿的情况和需求，以及遇到的问题或困难，以获得专业的支持和帮助。

模块二 听觉障碍婴幼儿的家园共育策略

"偷懒"的贝贝

3岁的贝贝患有听觉障碍，所以长期佩戴助听器。一天，在进行听觉功能训练时，王老师发现贝贝的状态不是很好，贝贝不是拒绝听声音就是无法正确分辨声音。王老师问贝贝怎么了，贝贝说："听不见。"王老师怀疑贝贝的助听器出了问题，可贝贝的外婆说："助听器没问题，这一定是贝贝不想训练的花招，她再偷懒就打她的屁股！"看着外婆生气的样子，贝贝哭了。

晚上，王老师询问了贝贝妈妈，被告知确实是助听器没电了。外婆向贝贝道歉了，贝贝终于开心了。

一、信息获取

1. 分析贝贝"偷懒"的原因。

2. 指出贝贝的外婆与贝贝沟通时存在的问题。

3. 假如你是王老师，你会从哪几个方面对贝贝外婆的沟通方式进行指导？

二、实践记录

家园共育记录表

婴幼儿姓名：　　　　性别：　　　　年龄：　　　　障碍类型：

家长：

指导人员：

指导时间：

指导内容：

指导难点：

问题记录：

思考与总结：

新手指导

一、听觉障碍婴幼儿概述

（一）听觉障碍的定义与分级

听觉障碍是指婴幼儿双耳出现不同程度的永久性听力障碍，其听不到或听不清周围环境声及言语声，以致影响日常生活和社会参与的病理状态。

听觉障碍包括听力完全丧失和有残留听力但辨音不清、不能进行听说交往两类。根据《残疾人残疾分类和分级》（GB/T 26341-2010），听觉障碍按听觉系统的结构与功能、平均听力损失、社会参与等因素可分为四级，具体如表 6-2 所示。

表 6-2 听觉障碍的分级

级别	听觉系统的结构与功能	平均听力损失（dB HL）	社会参与
一级	极重度损伤	＞90	不能依靠听觉进行言语交流，理解能力、交流能力等极重度受限，在参与社会生活方面存在极严重障碍
二级	重度损伤	81～90	理解能力、交流能力等重度受限，在参与社会生活方面存在严重障碍
三级	中重度损伤	61～80	理解能力、交流能力等中度受限，在参与社会生活方面存在中度障碍
四级	中度损伤	41～60	理解能力、交流能力等轻度受限，在参与社会生活方面存在轻度障碍

（二）听觉障碍婴幼儿的特点

听觉障碍婴幼儿的特点主要包括以下几个方面。

（1）听觉反应迟钝或无反应。听觉障碍婴幼儿对声音反应不灵敏或无反应，听声音时习惯将头偏向一侧。

（2）语言发展迟缓。听觉障碍婴幼儿的语言学习能力较差，无法掌握正确的发音，说话时的音调和速度异常，并且只会重复别人说的话而不能掌握其意思。

（3）社交能力受限。听觉障碍婴幼儿获取信息更多地依赖于视觉和触觉，不易形成视听结合的综合信息，因此，其获得的信息不够完整、准确，再加上理解能力欠缺，语言表达能力存在缺陷，因而无法与他人正常交流。

（4）思维能力受限。听觉障碍婴幼儿主要依据头脑中的表象或联想进行思考，其一般能够掌握具体事物的概念，却不易掌握抽象事物的概念。

二、听觉障碍婴幼儿家园共育的具体策略

（一）提供合适的助听设备

养育人员应为听觉障碍婴幼儿配备合适的助听设备，如助听器、人工耳蜗（见图 6-2）等，并在此基础上对他们进行听觉功能训练，使他们能够听到周围的声音，更好地探索世界，并勇敢地与他人交流。

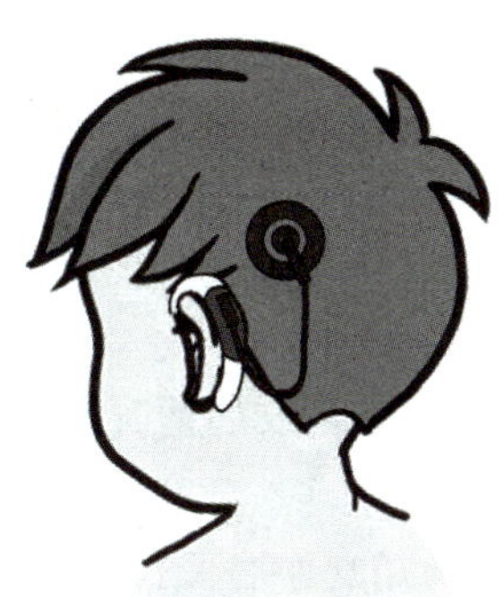

图 6-2　人工耳蜗示意图

育儿锦囊

助听器和人工耳蜗都是可以帮助听力受损者重建听觉功能的设备，但它们的原理和适用范围有所不同。助听器是一种可以放大声音的电子设备，可以帮助轻度到中度听力受损者听到周围的声音。人工耳蜗是一种内耳植入式电子设备，可以帮助重度到极重度听力受损者重建听觉功能。

助听设备通常需要根据听觉障碍婴幼儿的实际情况和需求进行个性化的定制，并且需要在专业人员的指导下进行正确、合理的使用，以确保达到最佳的使用效果。同时，养育人员还应对助听设备进行维护和保养，每天检查助听设备的性能和状态，定期更换电池或电极等零部件，以确保助听设备的正常使用。

（二）采用合适的沟通方式

听觉障碍婴幼儿无法与他人进行正常的沟通与交流。为了解决沟通问题，养育人员应采用合适的沟通方式。养育人员可以参加相关的教育教学活动，通过观摩专业人员干预听觉障碍婴幼儿语言及沟通能力发展、行为养成的过程，学习相关方法与技巧。此外，养育人员还可以寻找一些教育教学资源，如语言训练在线课程、手语在线课程等，学会使用手语、口形、面部表情、肢体语言等多种方式与听觉障碍婴幼儿进行沟通与交流。

（三）进行视觉功能训练和语言训练

1. 视觉功能训练

视觉功能训练是听觉障碍婴幼儿补偿听觉缺损的主要途径。养育人员应对听觉障碍婴幼儿进行适当的视觉功能训练，以促进他们更好地感知周围环境。

听觉障碍婴幼儿视觉训练方法

在进行视觉功能训练时，养育人员可以使用色彩丰富的玩具来开展互动游戏，让听觉障碍婴幼儿感受丰富的视觉世界，并通过眼神交流、肢体交流等方式提高他们的视觉感知能力。

2. 语言训练

养育人员应根据听觉障碍婴幼儿的语言发展情况对其进行语言训练，以提高其语言表达能力。

在进行语言训练时，养育人员可以引导听觉障碍婴幼儿进行言语呼吸训练、发音训练、说话训练、看话训练等。例如，养育人员可以利用吹纸片、吹气球、吹蜡烛等游戏，让听觉障碍婴幼儿练习吸气后平缓地长呼气，帮助他们掌握说话时正确的呼吸节奏。

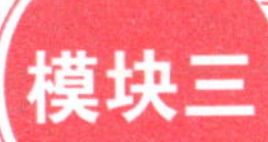

视觉障碍婴幼儿的家园共育策略

走不出去的桐桐

桐桐两岁半时发烧好几天引起了视神经炎，由于父母未及时发现，桐桐的视神经受损严重，眼睛几乎失明。桐桐的父母对此一直内疚不已，比以前更加无微不至地照顾桐桐。为了避免桐桐发生意外，桐桐的父母限制桐桐的活动范围，基本不让他出自家的院子。

桐桐经常坐在自家门口，听门外孩子们的嬉戏声。有时候，桐桐一个人呆呆地坐着，好长时间也不说一句话，父母和他说话，他也不理，偶尔还会莫名其妙地发脾气。

一、信息获取

1. 分析桐桐行为异常的原因。

2. 指出桐桐的父母在照顾桐桐的过程中存在的问题。

3. 假如你是托育机构的老师，你会从哪几个方面对桐桐父母进行指导？

二、实践记录

家园共育记录表

婴幼儿姓名：　　　　性别：　　　　年龄：　　　　障碍类型：

家长：

指导人员：

指导时间：

指导内容：

指导难点：

问题记录：

思考与总结：

一、视觉障碍婴幼儿概述

（一）视觉障碍的定义与分级

视觉障碍是指婴幼儿双眼视力低下且不能矫正或双眼视野缩小，以致影响日常生活和社会参与的病理状态。

视觉障碍包括盲、低视力两类。根据《残疾人残疾分类和分级》（GB/T 26341-2010），视觉障碍按最佳矫正视力与视野半径可分为四级。其中，盲为视觉障碍一级和二级，低视力为视觉障碍三级和四级，具体如表 6-3 所示。

表 6-3　视觉障碍的分级

类别	级别	最佳矫正视力与视野半径
盲	一级	最佳矫正视力＜0.02，或视野半径＜5°
	二级	0.02≤最佳矫正视力＜0.05，或视野半径＜10°
低视力	三级	0.05≤最佳矫正视力＜0.1
	四级	0.1≤最佳矫正视力＜0.3

育儿锦囊

视觉障碍均指双眼，若双眼视力不同，则以视力较好的一只眼为准。若仅有单眼为视觉障碍，而另一眼的视力达到或优于 0.3，则不属于视觉障碍。最佳矫正视力是指配戴相应度数的眼镜后能够达到的最好视力。视野以注视点为中心，视野半径小于10°者，不论其视力如何均属于盲。最佳矫正视力与视野半径都需要在眼科医生、验光师或其他专业人员的指导下进行测量。

（二）视觉障碍婴幼儿的特点

视觉障碍婴幼儿的特点主要包括以下几个方面。

（1）视觉反应迟钝或无反应。视觉障碍婴幼儿对视觉刺激的反应不敏锐或无反应，如不会朝有亮光的方向看、对光的亮度或颜色的变化没有反应等。

（2）感知不完整、不准确。视觉障碍婴幼儿通常依赖触觉与听觉来感知周围环境和获取信息，因此，其对事物的认识往往具有片面性，并且容易产生错误的认识。

（3）社交能力受限。视觉障碍婴幼儿由于视觉缺陷，无法通过眼神、面部表情及其他非语言沟通方式等与他人进行交流。

（4）整体发育迟缓。视觉障碍婴幼儿的发育较为缓慢，如迟迟不会爬、走、说话等。

（5）部分行为异常。视觉障碍婴幼儿往往会有一些异常行为，如不自觉地摇晃身体、摆动头部或手臂等，这些行为是他们探索周围环境的一种方式。

二、视觉障碍婴幼儿家园共育的具体策略

（一）创设安全的环境

养育人员应为视觉障碍婴幼儿提供安全、舒适的生活与学习环境，以便其能够积极地探索和学习，具体如下。

（1）防护设施。养育人员应安装防护设施，如护栏、安全门、窗户锁等，防止视觉障碍婴幼儿不慎跌落或走失。

（2）家具。养育人员应选择平滑、无尖锐棱角的家具，或用软包装材料对家具的边角进行包裹。沙发及座椅等应铺上质地柔软的垫子。

（3）餐具。养育人员应选择塑料或金属质地等不易碎材质的餐具，同时应选择有防滑握柄的餐具，以便视觉障碍婴幼儿自己抓取和使用。

（4）位置。养育人员应尽量少移动家具、电器等，如果必须移动位置，则要事先告知视觉障碍婴幼儿，并带他们熟悉新的位置。此外，养育人员还应避免摆放无用的家具、电器，以及其他杂物等，以免影响视觉障碍婴幼儿的活动。

（5）标记。养育人员应对一些日常用品进行标记，并在门、家具、电器等上面贴上不同颜色、不同形状的标记，帮助视觉障碍婴幼儿识别不同的物品，熟悉空间。

（6）照明。养育人员应提供符合视觉障碍婴幼儿需求的照明条件，保证房间内光线充足。

除上述措施之外，养育人员还应随时关注视觉障碍婴幼儿的行动，以便及时发现并处理安全问题，从而保证他们的安全和健康。

育儿互动

在家庭环境中，视觉障碍婴幼儿还需要哪些特别的关爱和照顾？

（二）提供合适的助视设备

养育人员应为视觉障碍婴幼儿配备合适的助视设备，如助视器等，并指导他们学习使用助视器，从而帮助他们改善视力，更好地探索世界。

助视器主要有光学助视器和电子助视器两种。光学助视器利用光学系统的放大作用放大物体的成像，主要有望远镜、眼镜、放大镜、滤光镜等。电子助视器通过电子技术将物体放大并显示在屏幕上，主要有便携式电子放大器、台式电子放大器、电子阅读器、视觉辅助系统等。不同助视器的适用性不同，养育人员应根据视觉障碍婴幼儿的实际情况与需求，并在专业人员的指导下，选择合适的助视器。

需要注意的是，长期使用助视器会造成视觉疲劳。因此，养育人员应指导视觉障碍婴幼儿合理使用助视器。此外，养育人员还应定期检查视觉障碍婴幼儿的视力状况，让其及时接受专业的医学治疗或康复训练。

（三）进行听觉和触觉功能训练

视觉障碍婴幼儿在生活和学习中需要依靠其他感觉器官去获取外界信息，尤其是听觉和触觉在补偿视力缺损方面有着不可估量的作用。养育人员应帮助视觉障碍婴幼儿进行听觉和触觉功能训练，以促进他们更好地感知周围环境。

对于听觉功能训练，养育人员可以引导视觉障碍婴幼儿进行分辨声音和声源定位的训练。例如，采用播放音乐、唱歌、说话、敲打物品等方式，让他们感受并辨别不同人和不同物体发出的声音，以及声音的方向、远近等，提高其听音识物的能力。此外，在进行听觉功能训练时，应注意避免各种噪声对视觉障碍婴幼儿的干扰。

对于触觉功能训练，养育人员可以引导视觉障碍婴幼儿触摸各种物品，如不同用途的餐具、不同形状的玩具（见图 6-3）等，以丰富他们的触觉经验，帮助他们认识常见的物品。训练时使用的物品要轮廓清晰，主要部分突出，且符合安全、卫生要求。

图 6-3　不同形状的玩具

视觉障碍婴幼儿听觉训练方法

（四）引导婴幼儿规律作息

养育人员应培养视觉障碍婴幼儿的时间意识，助力他们的成长与发展。具体而言，养育人员可以让视觉障碍婴幼儿在固定的时间做固定的事情，如每天早上七点准时起床，然后洗漱、吃早餐等。养育人员还可以使用闹钟或计时器等，帮助视觉障碍婴幼儿感知每项活动的持续时间，从而使他们能够感知活动的间隔与顺序。

（五）进行一定的社交互动

养育人员应多为视觉障碍婴幼儿提供社交机会，鼓励他们与其他人进行交流、互动，从而激发他们的社交意愿，提高他们的社交能力。例如，养育人员可以和视觉障碍婴幼儿一起参加亲子活动，让视觉障碍婴幼儿有机会与同龄人一起玩耍等，以使视觉障碍婴幼儿获得良好的社交体验。

模块四 肢体障碍婴幼儿的家园共育策略

某天，在阳光托育园中，孙老师发现 3 岁的珠珠无法自理，于是与珠珠爸爸发生了以下对话。

孙老师

上午好呀，珠珠爸爸，珠珠目前还没有学会自理吗？

珠珠爸爸

是的，孙老师。珠珠有神经性肢体障碍，我们没有强迫她学习自理，认为她长大了自然就学会这些了。

孙老师

珠珠平时和小伙伴一起玩耍吗？日常沟通过程中有问题吗？

珠珠爸爸

她很少和同龄人接触，和我们进行日常沟通基本没问题，但出门后非常认生，一般不会主动和人交流。

孙老师

那为什么不引导珠珠多和小伙伴交流呢？

珠珠爸爸

珠珠的左脚有点跛，我们正在为她治疗，担心同龄小朋友会嘲笑她。

典型任务

一、信息获取

1．分析珠珠无法自理的原因。

2．指出珠珠爸爸在养育珠珠的过程中存在的问题。

3．假如你是孙老师，你会从哪几个方面对珠珠爸爸进行指导？

二、实践记录

家园共育记录表

婴幼儿姓名：　　　　性别：　　　　年龄：　　　　障碍类型：

家长：

指导人员：

指导时间：

指导内容：

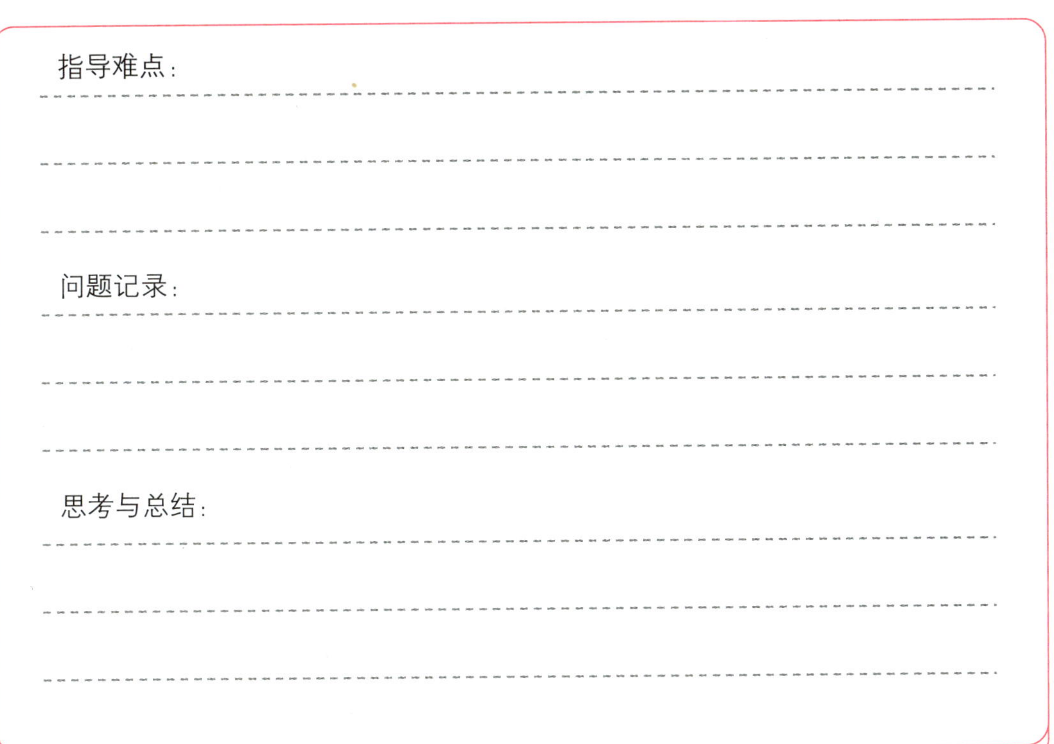

一、肢体障碍婴幼儿概述

（一）肢体障碍的定义与分级

肢体障碍是指婴幼儿运动系统的结构、功能损伤造成四肢残缺，或四肢、躯干麻痹（瘫痪）、畸形等而致运动功能不同程度丧失及活动受限的病理状态。

肢体障碍主要包括：（1）伤、病或发育异常所致的上肢或下肢缺失、畸形或功能障碍；（2）伤、病或发育异常所致的脊柱畸形或功能障碍；（3）伤、病或发育异常造成的躯干或四肢功能障碍。

根据《残疾人残疾分类和分级》（GB/T 26341-2010），肢体障碍按肢体功能、日常生活与活动等因素可分为四级，具体如表 6-4 所示。

表 6-4 肢体障碍的分级

级别	肢体功能	程度	日常生活与活动
一级	完全丧失	极重度	不能独立进行
二级	受到严重影响	重度	基本上不能独立进行
三级	受到中度影响	中度	能部分独立进行
四级	受到轻微影响	轻度	基本上能独立进行

（二）肢体障碍婴幼儿的特点

肢体障碍婴幼儿的特点主要包括以下几个方面。

（1）运动能力发展迟缓。肢体障碍婴幼儿在爬行、坐立、站立等方面的发展均落后于同龄人，或完全无法完成这些基本动作。

（2）动作不协调。肢体障碍婴幼儿的动作容易失控，表现为手脚不自觉地抖动、颤动、摆动等，走路时步态不正常，容易跌倒。

（3）肌张力异常。肌张力是指肌肉组织在静息状态下的一种持续的、微小的收缩力，是维持身体正常活动的基础。肢体障碍婴幼儿往往会出现肌张力过高或过低的异常情况。前者表现为肢体僵硬，呈强直状态，如手指屈伸不利；后者表现为肌肉松弛，且软弱无力，如手无法拿、握物品。

（4）感觉问题。肢体障碍婴幼儿可能会出现感觉缺失或过度敏感的问题，如某些部位的痛觉缺失、对某些声音过度敏感等。

（5）心理问题。肢体障碍婴幼儿可能会有情绪不稳定、注意力不集中等问题。

二、肢体障碍婴幼儿家园共育的具体策略

（一）创建支持性环境

肢体障碍婴幼儿一般行动不便，养育人员应创建一个安全、舒适、具有支持性的环境，为肢体障碍婴幼儿提供便利，具体如下。

（1）空间。养育人员应对空间进行改造，如拆掉门槛、安装扶手、设置无障碍卫生间等。

（2）地面。养育人员应保持地面干燥、整洁，确保没有杂物，最好在地面上铺上防滑垫。

（3）家具。养育人员应选择没有尖锐边角的家具，床铺、桌椅等的高度要与肢体障碍婴幼儿的身高相适应。

（4）辅助器具。养育人员可以提供一些辅助器具，如轮椅、拐杖、助行架等，并注意这些器具的高度、长度和重量等要符合肢体障碍婴幼儿的需求。

需要注意的是，肢体障碍婴幼儿对环境的需求因其自身情况而异。因此，养育人员在创建环境时应充分考虑个体差异，有针对性地采取措施。除此之外，养育人员还应随时检查环境，确保没有危险因素。

（二）提供专业的康复训练

养育人员应寻求专业的康复机构，为肢体障碍婴幼儿制订个性化的治疗方案，并陪伴肢体障碍婴幼儿进行康复训练。

养育人员应在专业人员的指导下，学习基本的康复训练方法，如运动疗法，并学会使用各种康复器材（见图 6-4），如走步训练机、平衡球等，或利用相关治疗技术，如牵引、按摩等，协助肢体障碍婴幼儿进行康复训练，锻炼其协调能力和肌肉力量，从而使其尽早恢复机体功能。

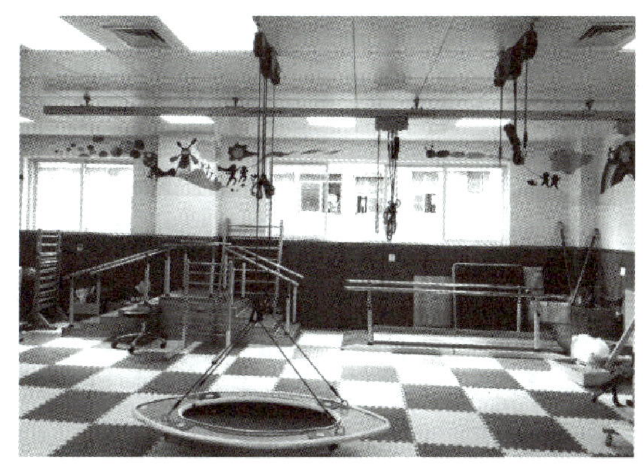

图 6-4　康复器材

此外，康复训练往往需要训练者付出较多的精力和时间，养育人员应耐心引导肢体障碍婴幼儿进行康复训练，帮助肢体障碍婴幼儿克服困难。

（三）给予充分的支持与鼓励

与普通婴幼儿相比，肢体障碍婴幼儿需要更多的情感支持和鼓励，养育人员应多与他们交流，鼓励他们勇敢表达自己的想法，并及时满足他们的需求，让他们感受到温暖和关爱。养育人员还应用乐观向上的心态感染肢体障碍婴幼儿，引导他们树立积极的人生态度，增强对生活的信心。

（四）组织不同的社交活动

肢体障碍婴幼儿应多与同龄人接触，多参加社交活动，这样有助于建立良好的社交关系并发展社交能力。一方面，托育机构应多组织适合肢体障碍婴幼儿参加的集体活动（见

图 6-5），如参观动物园、开展“你说我猜”游戏等，以增强他们的表达欲望。另一方面，家长应多带肢体障碍婴幼儿参加各种社交活动，如亲友聚会、社区活动、公共场所游玩活动等，鼓励他们与同龄人一起玩耍和交流，从而帮助他们增强自信心。

图 6-5 托育机构的集体活动

特殊婴幼儿的“另一个家”

育儿纪实

努力的团团

3 岁的团团因先天多处残疾，长期在医院接受康复治疗。团团的父母工作忙碌，无法照顾团团，因此团团主要靠祖父母的照顾。在托育机构中，老师发现团团的学习能力强，思维也比较灵活，但因为手脚不便，只能完成简单的作业。由于身体缺陷，团团很少主动参与其他小朋友的游戏，但他特别喜欢在一旁观看小朋友们玩耍。老师与团团的祖父母进行了交流，得知团团每天都坚持学习使用拐杖，因为团团希望有一天自己可以使用拐杖独立行动。

分析：保护自尊心是教育特殊婴幼儿的重要前提，团团受身体缺陷的影响，需要更多的尊重和理解。另外，康复训练将成为团团未来成长中不可或缺的一部分。有针对性的康复训练，不仅能提高团团的体能水平，还能增强其自信心。因此，托育机构的老师应多与团团沟通，鼓励团团多与其他小朋友一起玩耍，让团团感觉被关注和被尊重；团团的家长应陪伴、协助团团进行康复训练，引导团团学习自理，提高团团的独立性。

模块五 精神障碍婴幼儿的家园共育策略

生气的泽泽

两岁半的泽泽被诊断出患有强迫症和焦虑症。他经常表现得烦躁不安、没有耐心，还会做出一些异常行为，如反复洗手、无故哭闹等，这使泽泽的家人感到十分苦恼。

在医生的建议下，泽泽接受了治疗。通过治疗，泽泽的症状虽然有所减轻，但仍存在问题。有一次，泽泽无缘无故地发脾气，还砸东西。泽泽妈妈担心激怒泽泽，并没有制止他，而是在一旁默默地关注着他的动向。结果泽泽更加生气了，开始大声哭闹。

一、信息获取

1．分析泽泽更加生气的原因。

2．指出泽泽妈妈在养育泽泽的过程中存在的问题。

3．假如你是托育机构的老师，你会从哪几个方面对泽泽妈妈进行指导？

二、实践记录

家园共育记录表

婴幼儿姓名：　　　　性别：　　　　年龄：　　　　障碍类型：

家长：

指导人员：

指导时间：

指导内容：

指导难点：

问题记录：

思考与总结：

新手指导

一、精神障碍婴幼儿概述

（一）精神障碍的定义与分级

精神障碍是指婴幼儿在没有智力障碍和精神病的情况下，做出与所处社会背景及社会评价相违背的行为，且长期处于情绪异常状态，妨碍个人对社会生活的适应，甚至危害他人、集体和社会的病理状态。

精神障碍包括焦虑症、抑郁症、精神分裂症、躁郁症、强迫症、进食障碍等多种类型。根据症状的严重程度和对生活的影响程度，精神障碍可以分为以下几种等级。

（1）轻度精神障碍。精神障碍症状轻微，对日常生活和社交能力影响较小，轻度精神障碍者的生活自理能力基本正常。

（2）中度精神障碍。精神障碍症状较为明显，对日常生活和社交能力有一定的影响，但中度精神障碍者能完成基本的生活自理。

（3）重度精神障碍。精神障碍症状严重，对日常生活和社交能力影响较大，生活上重度精神障碍者不能完全自理，需要他人的帮助和照顾。

（4）极重度精神障碍。精神障碍症状极其严重，对日常生活和社交能力造成极大的影响，生活上极重度精神障碍者完全不能自理活动，需要长期的专业治疗和照顾。

（二）精神障碍婴幼儿的特点

精神障碍婴幼儿的特点主要包括以下几个方面。

（1）情绪不稳定。精神障碍婴幼儿的情绪变化较快，可能会瞬间从快乐转为悲伤、愤怒等其他情绪状态，并且容易哭闹、激动。

（2）注意力不集中。精神障碍婴幼儿在做事情时无法集中注意力，容易分心。

（3）睡眠问题。精神障碍婴幼儿的睡眠不规律，可能存在睡眠不足、睡眠质量差、夜间惊醒或白天昏昏欲睡等问题。

（4）社交困难。精神障碍婴幼儿在与他人交往时会退缩、抗拒，难以与他人形成良好的互动关系。

（5）行为异常。精神障碍婴幼儿缺乏自我控制能力，可能会出现过度活跃、静止不动、哭闹不止、乱摔东西，甚至出现自伤、攻击他人等异常行为。

二、精神障碍婴幼儿家园共育的具体策略

（一）给予足够的爱与关怀

了解并尊重精神障碍婴幼儿的个体差异和情感需求是非常重要的。养育人员应注意观察精神障碍婴幼儿的表现，从不同的角度理解他们行为背后可能隐藏的需求，及时给予他们温暖的关怀，满足他们的情感需求，增强他们的安全感。此外，养育人员应始终以言语和行动表达对精神障碍婴幼儿的爱与关注，营造温馨、平等的相处氛围，并尝试通过与他们进行眼神交流（见图 6-6），或采用拥抱、抚摸等亲密互动的方式，建立起更为深入的信任关系。

焦虑症婴幼儿的照护建议

图 6-6　眼神交流

（二）培养良好的生活习惯

精神障碍婴幼儿的行为往往不连贯、不稳定，导致其生活无规律。养育人员应注重培养精神障碍婴幼儿良好的生活习惯，如引导其按时进食、睡觉、起床等，帮助他们感知健康的生活节奏，使他们保持稳定的心理状态，从而不断提高他们的自我控制能力。

（三）开展有趣的互动性活动

养育人员应适当地开展一些具有互动性和趣味性的活动，如讲故事、玩游戏（见图 6-7）、唱歌、跳舞等，以增强精神障碍婴幼儿表达与互动的欲望，使他们愿意与他人交往。

图 6-7 玩游戏

在互动过程中，养育人员应耐心地引导精神障碍婴幼儿进行自我表达和情绪释放。当遇到问题时，养育人员应及时了解精神障碍婴幼儿的需求和困扰，并给予合理的反馈和支持。

养育人员的心理健康

精神障碍婴幼儿的异常表现往往会给养育人员带来巨大的心理压力和挑战，而养育人员的心理状态对精神障碍婴幼儿的成长与发展具有很大的影响。因此，养育人员在照顾精神障碍婴幼儿的同时，应学会调节自己的情绪和压力，保持自身的健康，具体如下。

（1）自我保健。养育人员可以通过做运动、听音乐、散步或冥想等进行自我放松，以释放压力，维持自身的乐观状态。

（2）培养兴趣爱好。养育人员可以培养一些兴趣爱好，如阅读、画画等，从这些兴趣爱好中寻找生活的乐趣，从而缓解自身的焦虑和压力。

（3）寻求专业帮助。当养育人员陷入困惑难以开解时，可以寻求心理医生或其他专业人员的支持和帮助，以使自己能够更快地走出困惑。

（四）提供专业的精神治疗

专业的精神治疗对于精神障碍婴幼儿的健康成长与能力发展至关重要。养育人员应积极寻求专业医生的指导和建议，了解适合精神障碍婴幼儿的治疗方案，并在精神障碍婴幼儿治疗的过程中严格遵守医嘱，配合专业医生完成各项康复任务。同时，养育人员还应及时向专业医生反馈治疗效果和治疗中遇到的问题，以使问题得到及时解决，从而有效推进治疗进程。

除此之外，定期评估和调整治疗方案也是非常重要的。因为精神障碍婴幼儿在成长过程中会出现各种变化，所以治疗方案需要根据实际情况进行更新和调整，以保证治疗的持续性和有效性。养育人员应与专业医生进行密切合作，定期汇报精神障碍婴幼儿的康复情况，共同探讨并制订出更为科学、有效的治疗方案，帮助精神障碍婴幼儿尽快重获健康。

育儿引航

推进学前教育和托育服务发展

2022 年 11 月 23 日，上海市第十五届人大常委会第四十六次会议表决通过了《上海市学前教育与托育服务条例》（以下简称《条例》），在规范学前教育与托育服务实施方面做出了一系列规定。

值得注意的是，《条例》关注特殊群体需求，加强了学前特殊教育资源建设，要求区政府根据行政区域内有特殊需要的学前儿童情况，设置专门的特殊教育学前班或者学前特殊教育机构，确保学前特殊教育服务覆盖所有街镇。条例明确提出：“幼儿园应当接收能够适应集体生活的有特殊需要的学前儿童入园，通过随班就读、设置特殊教育班等方式，实施融合教育；专门设置的特殊教育学前班或者学前特殊教育机构，应当接收不具备接受普通学前教育能力的有特殊需要的儿童就读，提供有针对性的教育与康复、保健服务；各区特殊教育指导机构应当为幼儿园、特殊教育学前班、学前特殊教育机构提供指导。”

（资料来源：人民日报，有改动）

学以致用

综合测试

一 不定项选择题

1．智力障碍婴幼儿的特点主要包括（　　）。

A．记忆能力较差

B．语言发展迟缓

C．感知能力较强

D．自理能力较差

2．听觉障碍婴幼儿家园共育的具体策略不包括（　　）。

A．进行视觉功能训练和语言训练

B．提供合适的助听设备

C．采用合适的沟通方式

D．提供合适的助视设备

3．养育人员为视觉障碍婴幼儿创设安全的环境时，需要（　　）。

A．安装防护设施

B．选择平滑、无尖锐棱角的家具，或用软包装材料对家具的边角进行包裹

C．提供符合视觉障碍婴幼儿的照明条件

D．对日常用品进行标记

4．在肢体障碍婴幼儿康复的过程中，（　　）能提高他们的生活质量。

A．放任肢体障碍婴幼儿，让他们自由发挥

B．有意识地忽略肢体障碍婴幼儿的不足

C．尊重肢体障碍婴幼儿的个性差异

D．只关注肢体障碍婴幼儿的不足和存在的问题

5．（　　）不属于精神障碍婴幼儿的特点。

A．情绪不稳定

B．注意力不集中

C．睡眠质量差

D．视力受损和听力受损

二 判断题

1. 根据智商测试结果，即可准确评估婴幼儿的发展潜力和能力。（　　）

2. 听觉障碍是指婴幼儿双耳出现不同程度的永久性听力障碍，听不到或听不清周围环境声及言语声，以致影响日常生活和社会参与的病理状态。（　　）

3. 精神障碍婴幼儿的行为往往不连贯、不稳定，导致其生活无规律。（　　）

4. 肢体障碍婴幼儿的康复难度不大，按照专业医生的建议进行短期的康复治疗即可。（　　）

5. 视觉障碍婴幼儿由于视觉缺陷，无法通过眼神、面部表情及其他非语言沟通方式等与他人进行交流。（　　）

三 简答题

1. 简述视觉障碍的定义与分级。

2. 精神障碍婴幼儿家园共育的具体策略有哪些？

四 实践题

全班学生以小组为单位，对特殊婴幼儿家庭的状况进行调研，并按照以下步骤完成本次“为特殊婴幼儿家庭制作一份指导方案”的实践任务。

〔实践分组〕

全班学生以 4～6 人为一组进行分组，各组选出组长并进行任务分工，将小组成员及分工情况填入表 6-5 中。

表 6-5　小组成员及分工情况

班级		组号		指导教师	
小组成员	姓名	学号	任务分工		
组长					
组员					

〔实践步骤〕

（1）选择学校附近的社区，调查与统计特殊婴幼儿家庭。

（2）选择一个特殊婴幼儿家庭（如肢体障碍婴幼儿家庭），搜集并整理相关资料（包括但不限于婴幼儿的状况、家长的养育方式等），然后结合所学知识进行分析。

（3）根据所整理的资料，制作一份有针对性的指导方案，包括指导措施、建议等，具体如表 6-6 所示。

表 6-6　指导方案（肢体障碍婴幼儿）

肢体障碍婴幼儿的状况	家长养育过程中存在的问题	指导措施	建议

〔实践成果〕

小组组长以 PPT 的形式在班级内展示指导方案，并进行相应解说。

学习评价

本讲主要介绍了智力障碍、听觉障碍、视觉障碍、肢体障碍、精神障碍等特殊婴幼儿的家园共育策略。通过学习本讲内容，学生应能够对特殊婴幼儿的实际情况进行分析，进而实施有针对性的家园共育策略。

教师可以从基本知识、实践技能、综合素质、活动成果等方面对学生进行评价，请各位同学配合指导教师共同完成学习评价表（见表 6-7）。

表 6-7　学习评价表

<table>
<tr><td>班级</td><td></td><td>姓名</td><td></td><td>学号</td><td colspan="2"></td></tr>
<tr><td>组号</td><td></td><td>指导教师</td><td></td><td>日期</td><td colspan="2"></td></tr>
<tr><td rowspan="2">评价维度</td><td rowspan="2" colspan="2">评价标准</td><td rowspan="2">分值</td><td colspan="3">评分</td></tr>
<tr><td>自评</td><td>互评</td><td>师评</td></tr>
<tr><td rowspan="2">基本知识
（20 分）</td><td colspan="2">熟悉智力障碍、听觉障碍、视觉障碍、肢体障碍、精神障碍婴幼儿的特点</td><td>10</td><td></td><td></td><td></td></tr>
<tr><td colspan="2">掌握不同类型特殊婴幼儿家园共育的具体策略</td><td>10</td><td></td><td></td><td></td></tr>
<tr><td rowspan="2">实践技能
（30 分）</td><td colspan="2">能够正确分析不同类型特殊婴幼儿的家庭教育问题</td><td>15</td><td></td><td></td><td></td></tr>
<tr><td colspan="2">能够采用有效的策略开展特殊婴幼儿的家园共育工作</td><td>15</td><td></td><td></td><td></td></tr>
<tr><td rowspan="3">综合素质
（20 分）</td><td colspan="2">具有较强的分析能力</td><td>6</td><td></td><td></td><td></td></tr>
<tr><td colspan="2">能够透过现象看本质，培养理性思维</td><td>8</td><td></td><td></td><td></td></tr>
<tr><td colspan="2">具备严谨、求实的学习态度</td><td>6</td><td></td><td></td><td></td></tr>
<tr><td rowspan="4">活动成果
（30 分）</td><td colspan="2">搜集的资料真实、准确</td><td>6</td><td></td><td></td><td></td></tr>
<tr><td colspan="2">指导方案内容全面、针对性强</td><td>10</td><td></td><td></td><td></td></tr>
<tr><td colspan="2">PPT 制作精美、图文并茂</td><td>7</td><td></td><td></td><td></td></tr>
<tr><td colspan="2">解说富有条理</td><td>7</td><td></td><td></td><td></td></tr>
<tr><td colspan="3">合计</td><td>100</td><td></td><td></td><td></td></tr>
<tr><td>总评</td><td colspan="6">自评（30%）+互评（30%）+师评（40%）=</td></tr>
<tr><td>教师评语</td><td colspan="3"></td><td colspan="3">教师（签名）：</td></tr>
</table>

附录 1　托育机构保育指导大纲（试行）

第一章　总则

为贯彻《国务院办公厅关于促进 3 岁以下婴幼儿照护服务发展的指导意见》，依据中华人民共和国国家卫生健康委员会《托育机构设置标准（试行）》《托育机构管理规范（试行）》，指导托育机构为 3 岁以下婴幼儿（以下简称“婴幼儿”）提供科学、规范的照护服务，促进婴幼儿健康成长，特制定本大纲。

本大纲适用于经有关部门登记、卫生健康部门备案，为婴幼儿提供全日托、半日托等照护服务的托育机构。提供计时托、临时托等照护服务的托育机构可参照执行。

托育机构保育是婴幼儿照护服务的重要组成部分，是生命全周期服务管理的重要内容。通过创设适宜的环境，合理安排一日生活和活动，提供生活照料、安全看护、平衡膳食和早期学习机会，促进婴幼儿身体和心理的全面发展。

托育机构保育应遵循以下基本原则。

（1）尊重儿童。坚持儿童优先，保障儿童权利。尊重婴幼儿的成长特点和规律，关注个体差异，促进每个婴幼儿全面发展。

（2）安全健康。最大限度地保护婴幼儿的安全和健康，切实做好托育机构的安全防护、营养膳食、疾病防控等工作。

（3）积极回应。提供支持性环境，敏感观察婴幼儿，理解其生理和心理需求，并及时给予积极适宜的回应。

（4）科学规范。按照国家和地方相关标准和规范，合理安排婴幼儿的生活和活动，满足婴幼儿生长发育的需要。

第二章　目标与要求

托育机构保育工作应当遵循婴幼儿发展的年龄特点与个体差异，通过多种途径促进婴幼儿身体发育和心理发展。保育重点应当包括营养与喂养、睡眠、生活与卫生习惯、动作、语言、认知、情感与社会性等。

一、营养与喂养

（一）目标

（1）获取安全、营养的食物，达到正常生长发育水平。

（2）养成良好的饮食行为习惯。

（二）保育要点

1．7～12个月

（1）继续母乳喂养，不能继续母乳喂养的婴儿使用配方奶喂养。

（2）及时添加辅食，从富含铁的泥糊状食物开始，遵循由一种到多种、由少到多、由稀到稠、由细到粗的原则。辅食不添加糖、盐等调味品。

（3）每引入新食物要密切观察婴儿是否有皮疹、呕吐、腹泻等不良反应。

（4）注意观察婴儿所发出的饥饿或饱足的信号，并给予及时、恰当的回应，不强迫喂食。

（5）鼓励婴儿尝试自己进食，培养其进餐兴趣。

2．13～24个月

（1）继续母乳或配方奶喂养，可以引入奶制品作为辅食，每日提供多种类食物。

（2）鼓励和协助幼儿自己进食，关注幼儿以语言、肢体动作等发出的进食需求，顺应喂养。

（3）培养幼儿使用水杯喝水的习惯，不提供含糖饮料。

3．25～36个月

（1）每日提供多种类食物。

（2）引导幼儿认识和喜爱食物，培养幼儿专注进食的习惯、选择多种食物的能力。

（3）鼓励幼儿参与协助分餐、摆放餐具等活动。

（三）指导建议

（1）制定膳食计划和科学食谱，为婴幼儿提供与其年龄发育特点相适应的食物，引导其规律进餐，为有特殊饮食需求的婴幼儿提供喂养建议。

（2）为婴幼儿创造安静、轻松、愉快的进餐环境，协助婴幼儿进食，并鼓励婴幼儿表达需求、及时回应，顺应喂养，不强迫进食。

（3）有效控制进餐时间，加强进餐看护，避免发生伤害。

二、睡眠

（一）目标

（1）获得充足睡眠。

（2）养成独自入睡和作息规律的良好睡眠习惯。

（二）保育要点

1．7～12 个月

（1）识别婴儿困倦的信号，通过常规睡前活动，培养婴儿独自入睡。

（2）帮助婴儿采用仰卧位或侧卧位姿势入睡，使其脸和头不被遮盖。

（3）注意观察婴儿的睡眠状态，减少抱睡、摇睡等安抚行为。

2．13～24 个月

（1）固定幼儿睡眠和唤醒的时间，逐渐建立规律的睡眠模式。

（2）坚持开展睡前活动，确保幼儿进入较安静状态。

（3）培养幼儿独自入睡的习惯。

3．25～36 个月

（1）规律作息，每日有充足的午睡时间。

（2）引导幼儿自主做好睡眠准备，养成良好的睡眠习惯。

（三）指导建议

（1）为婴幼儿提供良好的睡眠环境和设施，温湿度适宜，白天睡眠不过度遮蔽光线，设立独立床位，保障安全、卫生。

（2）加强睡眠过程巡视与照护，注意观察婴幼儿睡眠时的面色、呼吸、睡姿，避免发生伤害。

（3）关注个体差异及睡眠问题，采取适宜的照护方式。

三、生活与卫生习惯

（一）目标

（1）学习盥洗、如厕、穿脱衣服等生活技能。

（2）逐步养成良好的生活与卫生习惯。

（二）保育要点

1．7～12 个月

（1）及时更换尿布，保持臀部及身体其他部位的干爽清洁。

（2）在生活照护过程中，注重与婴儿互动交流。

（3）识别及回应婴儿哭闹、四肢活动等表达的需求。

2．13～24 个月

（1）鼓励幼儿及时表达大小便需求，帮助幼儿形成一定的排便规律，使其逐渐学会自己坐便盆。

（2）协助和引导幼儿自己洗手、穿脱衣服等。

（3）引导和帮助幼儿学会咳嗽和打喷嚏的方法。

3．25～36个月

（1）培养幼儿主动如厕。

（2）引导幼儿餐后漱口，使用肥皂或洗手液正确洗手，认识自己的毛巾并擦手。

（3）鼓励幼儿自己穿脱衣服。

（三）指导建议

（1）保持生活场所的安全卫生，预防异物吸入、烧烫伤、跌落伤、溺水、中毒等伤害发生。

（2）在生活中逐渐养成婴幼儿良好的习惯，做好回应性照护，引导其逐步形成规则和安全意识。

（3）注意培养婴幼儿良好的用眼习惯，限制其看电子屏幕的时间。

（4）注意培养婴幼儿良好的口腔卫生习惯，预防龋齿。

（5）在各个生活环节中，做好观察，发现有精神状态不良、烦躁、咳嗽、打喷嚏、呕吐等表现的婴幼儿，要加强看护，必要时及时隔离，并联系家长。

四、动作

（一）目标

（1）掌握基本的大运动技能。

（2）达到良好的精细动作发育水平。

（二）保育要点

1．7～12个月

（1）鼓励婴儿进行身体活动，尤其是地板上的游戏活动。

（2）鼓励婴儿自主探索从躺位变成坐位，从坐位转为爬行，逐渐到扶站、扶走。

（3）提供适宜的玩具，促进婴儿抓、捏、握等精细动作发育。

2．13～24个月

（1）鼓励幼儿进行形式多样的身体活动，为幼儿提供参加爬、走、跑、钻、踢、跳等活动的机会。

（2）提供多种类活动材料，促进幼儿涂画、拼搭、叠套等精细动作发育。

（3）鼓励幼儿自己喝水、用小勺吃饭、自己翻书等。

3．25～36个月

（1）为幼儿提供参加走直线、跑、跨越低矮障碍物、双脚跳、单脚站立、原地单脚跳、上下楼梯等活动的机会。

（2）提供多种类活动材料，促进幼儿搭建、绘画、简单手工制作等精细动作发育。

（3）鼓励幼儿自己用水杯喝水、用勺吃饭、协助收纳等。

（三）指导建议

（1）在各个生活环节中，为婴幼儿创造丰富的身体活动环境，确保活动环境和材料安全、卫生。

（2）充分利用日光、空气和水等自然条件，引导和协助婴幼儿进行身体锻炼，保证充足的户外活动时间。

（3）为婴幼儿安排类型丰富的活动和游戏，并保证每日有适宜强度、频次的大运动活动。做好运动中的观察及照护，避免发生伤害。

（4）关注患病婴幼儿。对处于急慢性疾病恢复期的婴幼儿，及时调整其活动强度和时间；发现运动发育迟缓的婴幼儿，给予其有针对性的指导，及时转介。

五、语言

（一）目标

（1）对声音和语言感兴趣，学会正确发音。

（2）学会倾听和理解语言，逐步掌握词汇和简单的句子。

（3）学会运用语言进行交流，表达自己的需求。

（4）愿意听故事、看图书，初步发展早期阅读的兴趣和习惯。

（二）保育要点

1．7～12 个月

（1）经常和婴儿说话，引导其对发音产生兴趣，模仿和学习简单的发音。

（2）向婴儿复述生活中的常见物品和动作，帮助其逐渐理解简单的词汇。

（3）引导婴儿使用简单的声音、表情、动作、语言等表达自己的需求。

（4）为婴儿选择合适的图画书，朗读简单的故事或儿歌。

2．13～24 个月

（1）培养幼儿正确发音，引导其逐步将语言与实物或动作建立联系。

（2）鼓励幼儿模仿和学习使用词语或短句表达自己的需求。

（3）引导幼儿学会倾听并乐意执行简单的语言指令，积极使用语言进行交流。

（4）提供机会让幼儿多读绘本、多听故事、学念儿歌。

3．25～36 个月

（1）指导幼儿正确地运用词语说出简单的句子。

（2）鼓励幼儿用语言表达自己的需求和感受。

（3）创造条件和机会，使幼儿多听、多看、多说、多问、多想，谈论生活中的所见所闻。

（4）培养幼儿阅读的兴趣和能力，学讲故事、学念儿歌。

（三）指导建议

（1）创设丰富和应答的语言环境，提供正确的语言示范，保持与婴幼儿的交流与沟通，引导其倾听、理解和模仿语言。

（2）为不同月龄婴幼儿提供和阅读合适的儿歌、故事和图画书，培养其早期阅读的兴趣和习惯。

（3）关注语言发展迟缓的婴幼儿，并给予个别指导。

六、认知

（一）目标

（1）充分运用各种感官探索周围环境，有好奇心和探索欲。

（2）逐步发展注意、观察、记忆、思维等认知能力。

（3）学会想办法解决问题，有初步的想象力和创造力。

（二）保育要点

1．7～12 个月

（1）提供有利于视、听、触摸等的材料，激发婴儿的观察兴趣。

（2）鼓励婴儿调动各种感官，感知物体的大小、形状、颜色、材质等。

（3）引导婴儿观察周围的事物，模仿所看到的某些事物的声音和动作。

2．13～24 个月

（1）引导幼儿运用各种感官探索周围环境，逐步发展注意、记忆、思维等认知能力。

（2）鼓励幼儿辨别生活中常见物体的大小、形状、颜色、软硬、冷热等明显特征。

（3）鼓励幼儿在操作、摆弄、模仿等活动中想办法解决问题。

3．25～36 个月

（1）引导幼儿运用各种感官反复持续探索周围环境，逐步巩固和加深对周围事物的认识。

（2）启发幼儿观察与辨别生活中常见物体的特征和用途，进行简单的分类，并感受生活中的数学。

（3）培养幼儿在感兴趣的事情上能够保持一定的专注力。

（4）通过各种游戏和活动，鼓励幼儿主动思考、积极提问并大胆猜想，激发幼儿的想象力和创造力。

（三）指导建议

（1）创设环境，促进婴幼儿通过视、听、触摸等多种感觉活动与环境充分互动，丰富认识和记忆经验。

（2）保护婴幼儿对周围事物的好奇心和求知欲，耐心回应婴幼儿的问题，鼓励婴幼儿自己寻找答案。

（3）在确保安全和健康的前提下，支持和鼓励婴幼儿的主动探索。

七、情感与社会性

（一）目标

（1）有安全感，能够理解和表达情绪。

（2）有初步的自我意识，逐步发展情绪和行为的自我控制。

（3）与成人和同伴积极互动，发展初步的社会交往能力。

（二）保育要点

1．7～12 个月

（1）观察和了解不同月龄婴儿的需求，把握其情绪变化，尊重和满足其爱抚、亲近、搂抱等情感需求。

（2）引导婴儿理解和辨别高兴、喜欢、生气等不同情绪。

（3）敏感察觉婴儿的情绪变化，理解其情感需求并及时回应。

（4）营造温暖、愉快的情绪氛围，促进婴儿交往的积极性。

2．13～24 个月

（1）引导幼儿用表情、动作、语言等方式表达自己的情绪。

（2）培养幼儿愉快的情绪，及时肯定和鼓励幼儿适宜的态度和行为。

（3）拓展交往范围，引导幼儿认识他人不同的想法和情绪。

（4）引导幼儿理解并遵守简单的规则。

3．25～36 个月

（1）谈论日常生活中幼儿感兴趣的人和事，引导其通过语言和行为等方式表达情绪情感。

（2）鼓励幼儿进行情绪控制的尝试，指导其学会简单的情绪调节策略。

（3）创造人际交往的机会和条件，使幼儿感受与人交往的愉悦。

（4）帮助幼儿理解和遵守简单的规则，引导其初步学习分享、轮流、等待、协商，尝试解决同伴冲突。

（三）指导建议

（1）观察和了解每个婴幼儿独特的沟通方式和情绪表达特点，正确判断其需求，并给予及时、恰当的回应。

（2）与婴幼儿建立信任和稳定的情感联结，使其有安全感。

（3）建立一日生活和活动常规，开展规则游戏，帮助婴幼儿理解和遵守规则，使其逐步发展规则意识，适应集体生活。

（4）创造机会，支持婴幼儿与同伴和成人的交流互动，使其体验交往的乐趣。

第三章　组织与实施

托育机构是实施保育的场所，应当提供健康、安全、丰富的生活和活动环境，配置符合婴幼儿月龄特点的家具、用具、玩具、图书、游戏材料和安全防护设施，并根据场地条件合理确定收托规模，配备符合要求的保育人员。

托育机构负责人负责保育的组织与管理，指导、检查和评估保育人员的工作。

托育机构保育人员是保育工作的主要实施者，应当具有良好的职业道德和业务能力，身心健康。保育人员负责婴幼儿日常生活照料和活动组织，应当主动了解和满足婴幼儿不同的发展需求，平等对待每一个婴幼儿，呵护婴幼儿健康成长。

保育工作应当根据婴幼儿的身心发展特点和规律，制订科学的保育方案，合理安排婴幼儿饮食、饮水、如厕、盥洗、睡眠、游戏等一日生活和活动，支持婴幼儿主动探索、操作体验、互动交流和表达表现，丰富婴幼儿的直接经验。

托育机构应当建立信息管理、健康管理、疾病防控和安全防护等监控制度，制定安全防护、传染病防控等应急预案，切实做好室内外环境卫生，注意防范和避免伤害，确保婴幼儿的安全和健康。

托育机构应当与家庭、社区密切合作，充分整合各方资源支持托育机构保育工作，向家庭、社区宣传科学的育儿理念和方法，提供照护服务和指导服务，帮助家庭增强科学育儿能力。

附录 2　托育机构管理规范（试行）

第一章　总则

第一条　为加强托育机构管理，根据《中华人民共和国未成年人保护法》等法律法规以及《国务院办公厅关于促进 3 岁以下婴幼儿照护服务发展的指导意见》，制定本规范。

第二条　坚持儿童优先的原则，尊重婴幼儿的成长特点和规律，最大限度地保护婴幼儿，确保婴幼儿的安全和健康。

第三条　本规范适用于经有关部门登记、卫生健康部门备案，为 3 岁以下婴幼儿提供全日托、半日托、计时托、临时托等托育服务的机构。

第二章　备案管理

第四条　托育机构登记后，应当向机构所在地的县级以上卫生健康部门备案，提交评价为“合格”的《托幼机构卫生评价报告》、消防安全检查合格证明、场地证明、工作人员资格证明等材料，填写备案书和承诺书。提供餐饮服务的，应当提交《食品经营许可证》。

第五条　卫生健康部门应当对申请备案的托育机构提供备案回执和托育机构基本条件告知书。

第六条　托育机构变更备案事项的，应当向原备案部门办理变更备案。

第七条　托育机构终止服务的，应当妥善安置收托的婴幼儿和工作人员，并办理备案注销手续。

第八条　卫生健康部门应当将托育服务有关政策规定、托育机构备案要求、托育机构有关信息在官方网站公开，接受社会查询和监督。

第三章　收托管理

第九条　婴幼儿父母或监护人（以下统称“婴幼儿监护人”）应当主动向托育机构提出入托申请，并提交真实的婴幼儿及其监护人的身份证明材料。

第十条　托育机构应当与婴幼儿监护人签订托育服务协议，明确双方的责任、权利义务、服务项目、收费标准以及争议纠纷处理办法等内容。

第十一条　婴幼儿进入托育机构前，应当完成适龄的预防接种，经医疗卫生机构健康检查合格后方可入托；离开机构 3 个月以上的，返回时应当重新进行健康检查。

第十二条　托育机构应当建立收托婴幼儿信息管理制度，及时采集、更新，定期向备案部门报送。

第十三条　托育机构应当建立与家长联系的制度，定期召开家长会议，接待来访和咨询，帮助家长了解保育照护内容和方法。托育机构应当成立家长委员会，事关婴幼儿的重要事项，应当听取家长委员会的意见和建议。托育机构应当建立家长开放日制度。

第十四条　托育机构应当加强与社区的联系与合作，面向社区宣传科学育儿知识，开展多种形式的服务活动，促进婴幼儿早期发展。

第十五条　托育机构应当建立信息公示制度，定期公示收费项目和标准、保育照护、膳食营养、卫生保健、安全保卫等情况，接受监督。

第四章　保育管理

第十六条　托育机构应当科学合理安排婴幼儿的生活，做好饮食、饮水、喂奶、如厕、盥洗、清洁、睡眠、穿脱衣服、游戏活动等服务。

第十七条　托育机构应当顺应喂养，科学制定食谱，保证婴幼儿膳食平衡。有特殊喂养需求的，婴幼儿监护人应当提供书面说明。

第十八条　托育机构应当保证婴幼儿每日户外活动不少于 2 小时，寒冷、炎热季节或特殊天气情况下可酌情调整。

第十九条　托育机构应当以游戏为主要活动形式，促进婴幼儿在身体发育、动作、语言、认知、情感与社会性等方面的全面发展。

第二十条　游戏活动应当重视婴幼儿的情感变化，注重与婴幼儿面对面、一对一的交流互动，动静交替，合理搭配多种游戏类型。

第二十一条　托育机构应当提供适宜刺激，丰富婴幼儿的直接经验，支持婴幼儿主动探索、操作体验、互动交流和表达表现，发挥婴幼儿的自主性，保护婴幼儿的好奇心。

第二十二条　托育机构应当建立照护服务日常记录和反馈制度，定期与婴幼儿监护人沟通婴幼儿的发展情况。

第五章　健康管理

第二十三条　托育机构应当按照有关托儿所卫生保健规定，完善相关制度，切实做好婴幼儿和工作人员的健康管理工作，做好室内外环境卫生。

第二十四条　托育机构应当坚持晨午检和全日健康观察，发现婴幼儿身体、精神、行为异常时，应当及时通知婴幼儿监护人。

第二十五条　托育机构发现婴幼儿遭受或疑似遭受家庭暴力的，应当依法及时向公安机关报案。

第二十六条　婴幼儿患病期间应当在医院接受治疗或在家护理。

第二十七条　托育机构应当建立卫生消毒和病儿隔离制度、传染病预防和管理制度，做好疾病预防控制和婴幼儿健康管理工作。

第二十八条　托育机构工作人员上岗前，应当经医疗卫生机构进行健康检查，合格后方可上岗。托育机构应当组织在岗工作人员每年进行 1 次健康检查。在岗工作人员患有传染性疾病的，应当立即离岗治疗；治愈后，须持病历和医疗卫生机构出具的健康合格证明，方可返岗工作。

第六章　安全管理

第二十九条　托育机构应当落实安全管理主体责任，建立健全安全防护措施和检查制度，配备必要的安保人员和物防、技防设施。

第三十条　托育机构应当建立完善的婴幼儿接送制度，婴幼儿应当由婴幼儿监护人或其委托的成年人接送。

第三十一条　托育机构应当制订重大自然灾害、传染病、食物中毒、踩踏、火灾、暴力等突发事件的应急预案，定期对工作人员进行安全教育和突发事件应急处理能力培训。托育机构应当明确专兼职消防安全管理人员及管理职责，加强消防设施维护管理，确保用火用电用气安全。托育机构工作人员应当掌握急救的基本技能和防范、避险、逃生、自救的基本方法，在紧急情况下必须优先保障婴幼儿的安全。

第三十二条　托育机构应当建立照护服务、安全保卫等监控体系。监控报警系统确保 24 小时设防，婴幼儿生活和活动区域应当全覆盖。监控录像资料保存期不少于 90 日。

第七章　人员管理

第三十三条　托育机构工作人员应当具有完全民事行为能力和良好的职业道德，热爱婴幼儿，身心健康，无虐待儿童记录，无犯罪记录，并符合国家和地方相关规定要求的资格条件。

第三十四条　托育机构应当建立工作人员岗前培训和定期培训制度，通过集中培训、在线学习等方式，不断提高工作人员的专业能力、职业道德和心理健康水平。

第三十五条　托育机构应当加强工作人员法治教育，增强法治意识。对虐童等行为实行零容忍，一经发现，严格按照有关法律法规和规定，追究有关负责人和责任人的责任。

第三十六条　托育机构应当依法与工作人员签订劳动合同，保障工作人员的合法权益。

第八章　监督管理

第三十七条　托育机构应当加强党组织建设，积极支持工会、共青团、妇联等组织开展活动。托育机构应当建立工会组织或职工代表大会制度，依法加强民主管理和监督。

第三十八条　托育机构应当制订年度工作计划，每年年底向卫生健康部门报告工作，必要时随时报告。

第三十九条　各级妇幼保健、疾病预防控制、卫生监督等机构应当按照职责加强对托育机构卫生保健工作的业务指导、咨询服务和监督执法。

第四十条　建立托育机构信息公示制度和质量评估制度，实施动态管理，加强社会监督。

参考文献

[1] 翁治清. 婴幼儿家庭教育指导 [M]. 上海：复旦大学出版社，2023.

[2] 赵俊，吴莹. 婴幼儿家园共育 [M]. 北京：中国人口出版社，2022.

[3] 刘勇. 0～3 岁婴幼儿营养与喂养 [M]. 镇江：江苏大学出版社，2021.

[4] 王红. 0—3 岁婴幼儿家庭教育与指导 [M]. 上海：华东师范大学出版社，2020.